인조이 **이집트**

인조이 이집트

지은이 양신혜
펴낸이 임상진
펴낸곳 (주)넥서스

초판 1쇄 발행 2023년 10월 25일
초판 5쇄 발행 2025년 8월 31일

출판신고 1992년 4월 3일 제311-2002-2호
주소 10880 경기도 파주시 지목로 5
전화 (02)330-5500 팩스 (02)330-5555

ISBN 979-11-6683-640-4   13980

저자와 출판사의 허락 없이 내용의 일부를
인용하거나 발췌하는 것을 금합니다.

가격은 뒤표지에 있습니다.
잘못 만들어진 책은 구입처에서 바꾸어 드립니다.

www.nexusbook.com

여행을 즐기는 가장 빠른 방법

ENJOY TRAVEL

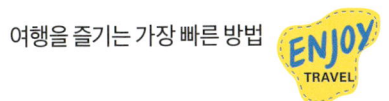

인조이 이집트

EGYPT

양신혜 지음

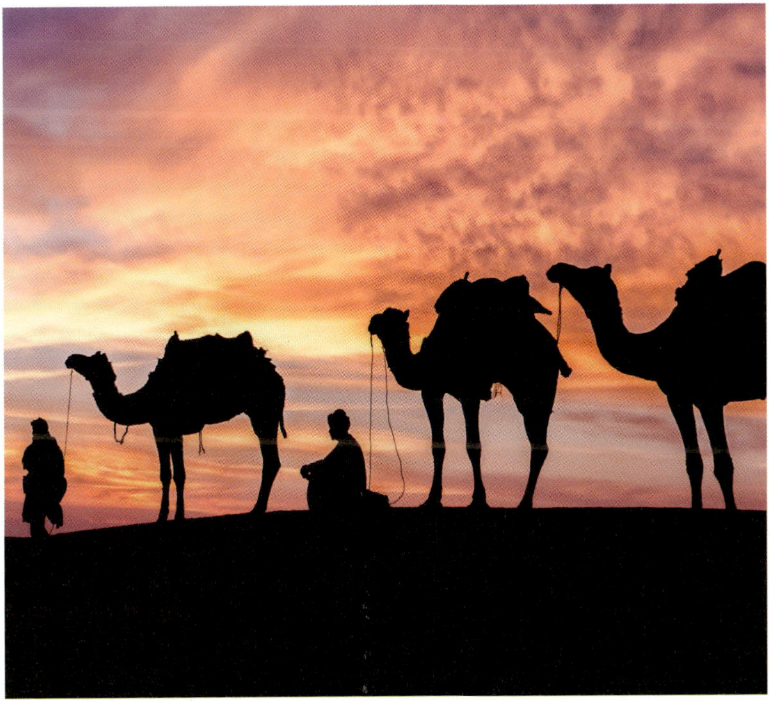

넥서스BOOKS

Prologue
여는 글

2006년, 저의 첫 이집트 여행은 유적에 관한 호기심에서 시작됐습니다. 스핑크스와 피라미드를 비롯해 수많은 신전을 보고나니 세월이 묻어나는 골목과 신비로워 보이는 아랍어 그리고 이를 관통하는 나일강이 보였습니다. 어쩐지 인도와 비슷하게 느껴지는 쿰쿰한 냄새와 빽빽거리며 도로를 달리는 릭샤, 역사책 속으로 빨려들어간 것 같은 풍경에 마음을 빼앗겨버렸습니다. 인생이 힘들 때 모든 걸 품어주던 나일강, 그곳에서 본 잊지 못할 아름다운 석양에 홀리자 비로소 그 안에 사는 사람들이 보였고 한번 친구가 되면 간도 쓸개도 다 빼주는 정 많은 이집트 사람들에 이끌려 다시금 이곳을 찾았습니다.

《인조이 이집트》를 쓰며 미처 몰랐던 유구한 역사와 종교, 문화를 깊이 공부할 수 있었고 또 다른 세계로 가는 문을 연 기분이었습니다. 책을 쓰는 내내 그곳에 두고 온 그리운 사람들을 떠올리며 즐거웠습니다.

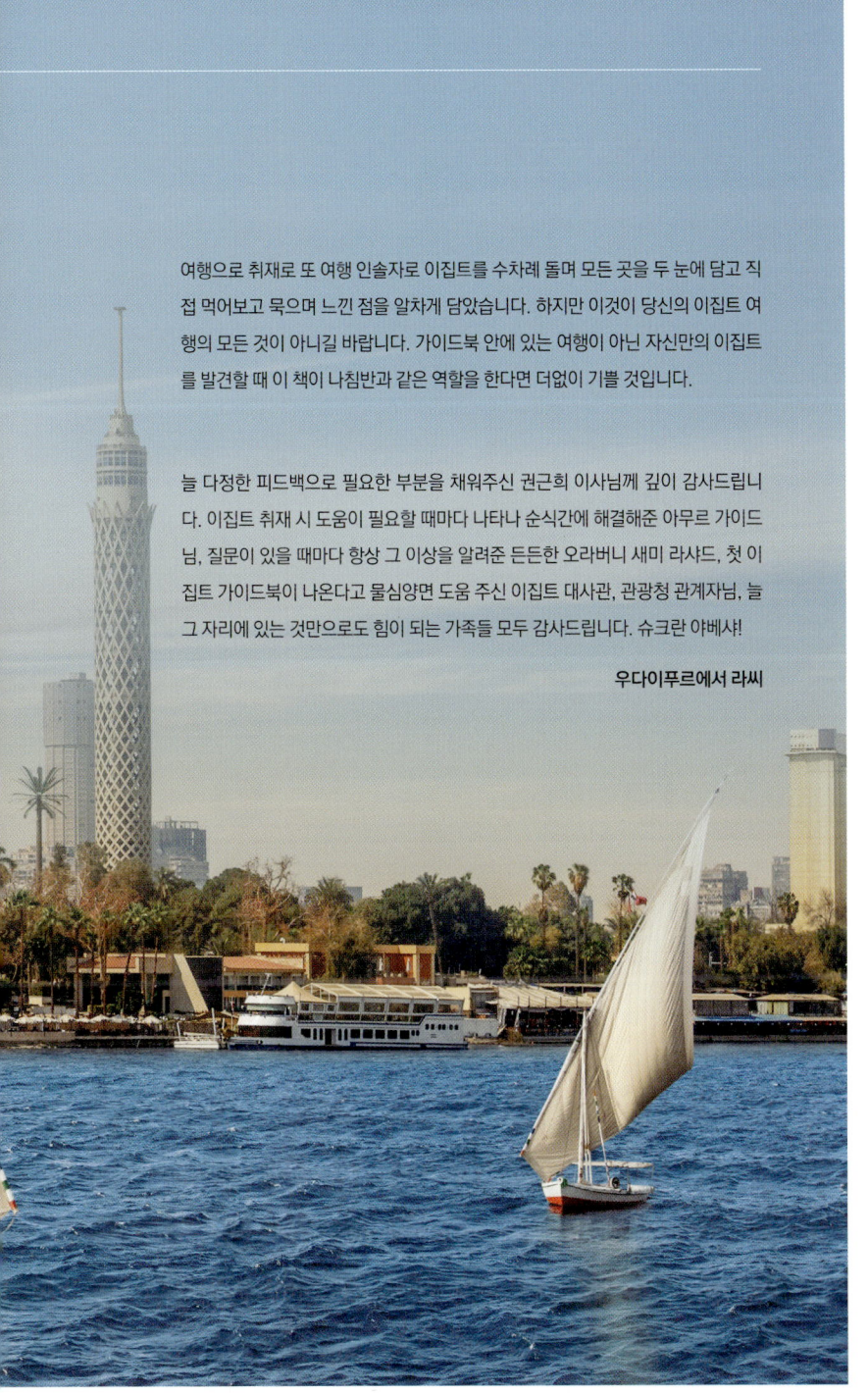

여행으로 취재로 또 여행 인솔자로 이집트를 수차례 돌며 모든 곳을 두 눈에 담고 직접 먹어보고 묵으며 느낀 점을 알차게 담았습니다. 하지만 이것이 당신의 이집트 여행의 모든 것이 아니길 바랍니다. 가이드북 안에 있는 여행이 아닌 자신만의 이집트를 발견할 때 이 책이 나침반과 같은 역할을 한다면 더없이 기쁠 것입니다.

늘 다정한 피드백으로 필요한 부분을 채워주신 권근희 이사님께 깊이 감사드립니다. 이집트 취재 시 도움이 필요할 때마다 나타나 순식간에 해결해준 아무르 가이드님, 질문이 있을 때마다 항상 그 이상을 알려준 든든한 오라버니 새미 라샤드, 첫 이집트 가이드북이 나온다고 물심양면 도움 주신 이집트 대사관, 관광청 관계자님, 늘 그 자리에 있는 것만으로도 힘이 되는 가족들 모두 감사드립니다. 슈크란 야베샤!

우다이푸르에서 라씨

이 책의 구성

1
한눈에 보는 이집트

이집트는 어떤 매력을 가지고 있을까? 이집트의 기본 정보를 비롯해 대표적인 유적과 볼거리, 축제, 음식, 쇼핑 아이템 등을 한눈에 살펴보면서 여행의 큰 그림을 그려보자.

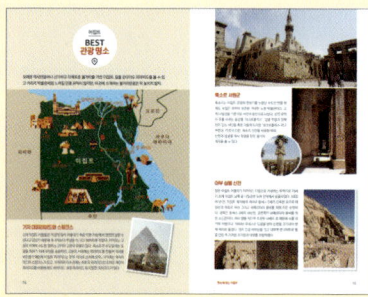

2
추천 코스

전문가가 추천하는 이집트 여행 코스를 참고하여 자신의 여행 스타일에 맞는 최적의 일정을 세워보자.

3
여행 준비

여행 전 준비 사항부터 공항 출입국 수속, 현지에서 필요한 정보까지 상세히 담았으니 꼭 읽어보고 떠나자.

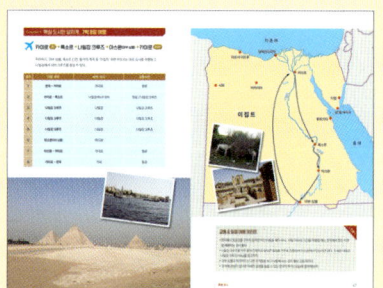
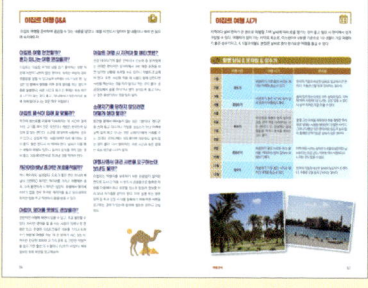

④ 지역 가이드

이집트의 주요 유적지를 상세하게 다루었다. 이집트에서 꼭 가봐야 할 대표적인 유적의 역사적 배경부터 주변의 맛집, 숙소 등을 소개하고 관련 정보들을 담았다. 그중 저자가 강추하는 곳에는 ⭐로 표시했고, 유네스코 세계문화유산으로 지정된 곳은 🏛로 표시했다.

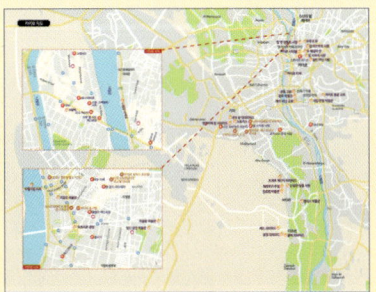

지역별 세부 지도

주요 명소 소개

도시 구석구석의 맛집 소개

가성비 좋은 숙소 소개

❗ 현지의 최신 정보를 정확하게 담고자 하였으나 현지 사정에 따라 정보가 예고 없이 변동될 수 있습니다. 특히 요금이나 시간 등의 정보는 안내된 자료를 참고 기준으로 삼아 여행 전 미리 확인하시기 바랍니다.

5
근교 투어 여행지
그 지역을 좀 벗어났으나 꼭 가보면 좋을 유적지를 상세하게 소개했다.

6
여행 회화
현지에서 사용할 수 있는 간단한 아랍어 회화 표현을 수록했다.

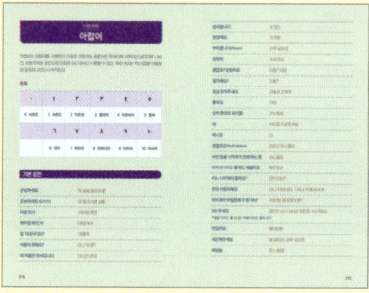

7
찾아보기
책에 소개된 관광 명소와 식당, 숙소 등을 이름만 알아도 쉽게 찾을 수 있도록 정리했다.

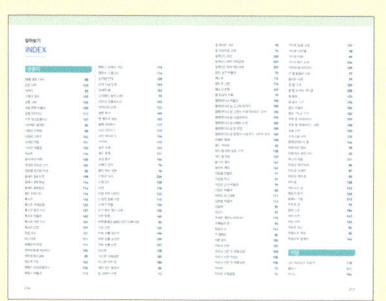

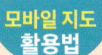
모바일 지도 활용법

책에 나온 장소를 내 휴대폰 속으로!

여행 중 길 찾기가 어려운 독자를 위한 인조이만의 맞춤 지도 서비스.
구글맵 기반으로 새롭게 돌아온 모바일 지도 서비스로 스마트하게 여행을 떠나자.

STEP 01

아래 QR을 이용하여
모바일 지도 페이지 접속

STEP 02

길 찾기를 원하는 지역 선택

STEP 03

지도 목록에서 찾고자 하는 장소를 검색하여 원하는 장소로 이동!

❶ 지역 목록으로 돌아가기
❷ 길 찾는 장소 선택
❸ 큰 지도 보기
❹ 지도 공유하기
❺ 구글 지도앱으로 장소 검색

※ 구글을 서비스하지 않는 지역에서는 사용이 제한될 수 있습니다.

Contents
차 례

한눈에 보는 이집트

이집트 BEST 관광 명소 • 014
이집트 BEST 사막 투어 • 018
이집트 BEST 휴양지 • 020
이집트 BEST 액티비티 • 023
이집트 BEST 음식 & 음료 • 026
이집트 BEST 쇼핑 아이템 • 033
이집트 역사 & 문화 • 036

추천 코스

핵심 도시만 알차게_ 7박 8일 여행 • 046
사막과 지중해, 홍해를 모두 보고 싶다면_
10박 11일 여행 • 048
인생에 한 달은 이집트에서_
30박 31일 여행 • 050

여행 준비

이집트 기본 정보 • 054
이집트 여행 Q & A • 056
이집트 여행 시기 • 057
여행 전 체크리스트 • 060
출입국 체크리스트 • 063
이집트 교통 정보 • 064
알아두면 좋은 정보 • 065
여행 트러블 대처하기 • 067

지역 가이드

카이로 · 072
올드 카이로 · 082
타흐리르 광장 지구 · 083
이슬람 지구 · 091
모까땀 언덕 · 100
콥트기독교 지구 · 102

멤피스 네크로폴리스 · 106
기자 네크로폴리스 · 107
사카라 · 110
멤피스 · 113
다슈르 · 116
추천 식당 · 118
추천 숙소 · 125

근교 Tour 파이윰 · 128
근교 Tour 바하리야 사막 · 132

시와 · 136
추천 식당 · 146
추천 숙소 · 148

룩소르 · 150
동안 지구 · 157
서안 지구 · 161

추천 식당 · 168
추천 숙소 · 171
근교 Tour 에드푸 · 174
근교 Tour 콤 옴보 · 176

아스완 · 178
추천 식당 · 193
추천 숙소 · 195
근교 Tour 아부 심벨 신전 · 197

알렉산드리아 · 200
추천 식당 · 211
추천 숙소 · 213

*여행 회화 · 214
*찾아보기 · 216

한눈에 보는 이집트

- 이집트 BEST 관광 명소
- 이집트 BEST 사막 투어
- 이집트 BEST 휴양지
- 이집트 BEST 액티비티
- 이집트 BEST 음식 & 음료
- 이집트 BEST 쇼핑 아이템
- 이집트 역사 & 문화

이집트
BEST
관광 명소

오래된 역사만큼이나 신기하고 다채로운 볼거리를 가진 이집트. 길을 걷다가도 피라미드를 볼 수 있고 거리가 박물관처럼 느껴질 만큼 유적이 많지만, 이곳에 소개하는 볼거리만큼은 꼭 놓치지 말자.

기자 대피라미드와 스핑크스

고대 이집트 사람들은 지상에 잠시 머물다가 죽음 이후 저승에서 영원한 삶을 누린다고 믿었기 때문에 주거지보다 무덤을 더 크고 화려하게 지었다. 카이로는 고왕국 시대의 수도인 멤피스 근처라 고왕국 유물이 많다. 룩소르가 수도일 때는 도굴을 피하기 위해 무덤을 숨겼지만, 고왕국 시대에는 피라미드를 만들어 미라를 보존했기 때문에 이집트 피라미드는 전부 카이로 근처에 있다. 기자에는 대피라미드와 스핑크스가 있고, 사카라와 다슈르에는 최초의 피라미드인 조세르 계단식 피라미드를 비롯해 레드 피라미드, 굴절 피라미드 등 다양한 피라미드가 있다.

룩소르 사원군

룩소르는 이집트 문명의 전성기를 누렸던 수도인 만큼 현재도 수많은 유적이 보존된 거대한 노천 박물관이다. 크게 나일강을 기준으로 서안과 동안으로 나뉜다. 신전 유적이 주를 이루는 동안을 '아크로폴리스', 암굴 무덤과 장제전이 있는 서안을 죽은 자들의 도시인 '네크로폴리스'라고 부른다. 카르낙 신전, 룩소르 신전을 비롯한 여러 신전과 암굴을 파서 무덤을 만든 왕가의 계곡을 볼 수 있다.

아부 심벨 신전

많은 이집트 여행자가 피라미드 다음으로 기대하는 유적지로 19세기 초에 이집트 남쪽 끝 나일강변 모래 언덕에서 발굴되었다. 3300여 년 전, 이집트 제19왕조 파라오 람세스 2세가 건축한 곳으로 태양신과 하토르 여신 그리고 네페르타리 왕비를 위해 지은 신전이다. 왼쪽은 람세스 2세의 대신전, 오른쪽이 네페르타리 왕비를 위한 소신전이다. 하이 댐을 지으며 조성된 나세르 호 때문에 수몰 위기에 처했으나, 1959년 유네스코 도움을 받아 신전을 조각내어 현재 위치로 옮겼다. 먼저 인공 바위산을 짓고 내부에 콘크리트로 돔을 만든 후 가져온 조각상과 내부를 조립하였다.

콤 옴보 신전

기원전 180~47년, 프톨레마이오스 왕조 때 지은 곳으로 로마 시대 때 증축되었다. 모래에 파묻혀 있다가 1893년 발굴 작업으로 빛을 보게 되었다. 소베크와 호루스 신에게 봉헌된 곳으로 다른 신전과 다른 독특한 구조로 지어졌다. 이 사원에서 눈여겨봐야 할 것은, 농사를 위해 나일강이 범람하는 날과 신전에서 열리는 행사 날을 달력에 새겨놓은 조각과 최초로 외과 수술용 도구가 새겨진 조각이다. 옆에는 좌식으로 출산하는 모습을 새겨두었다. 신전 내에 있는 깊은 우물, 나일로미터 Nilometer는 물을 공급하는 것 외에도 나일강의 수위 측정 용도로 사용되었다. 나선형 계단으로 걸어 내려갈 수 있는 구조로 만들었고, 수위에 따라 농사 계획을 세우고 세금을 걷는 자료로 사용했다.

필레 신전

기원전 380~362년에 지어진 것으로 이시스, 오시리스 신에게 봉헌되었다. 아스완 댐 건설로 인해 홍수 때 수몰되어, 1980년 유네스코의 도움을 받아 4만 조각으로 분해하여 아길키아 섬 Agilkia Island으로 이전했다. 이시스는 모든 신의 어머니, 오시리스는 죽음과 부활을 관장하던 신이다. 이시스의 남편인 오시리스가 묻힌 곳이기에, 고대 이집트뿐만 아니라 누비아 왕국에서도 성지로 여겼다. 파라오 시대부터 프톨레마이오스 시대, 로마 시대를 걸쳐 건축했기 때문에 다양한 건축 양식을 볼 수 있고, 종교적으로도 고대 이집트 종교부터 기독교까지 혼재된 곳이다. 클레오파트라와 카이사르의 신혼 여행지로도 알려져 있다.

알렉산드리아 대도서관

기원전 300년경, 각지에서 초청된 학자 100여 명이 자연과학·문헌학을 연구하고 강의하던 곳이다. 프톨레마이오스 1세가 건립을 시작하였으며, 프톨레마이오스 2세 때 완성됐다. 클레오파트라 7세의 놀이터로도 유명세를 떨친 이곳에는, 중국을 비롯한 아시아의 여러 서적들과 중동, 유럽의 여러 고서들, 연구 자료, 그림들이 소장되어 있었다. 안타깝게도 기원전 48년, 율리우스 카이사르가 알렉산드리아를 점령했을 때, 로마 병사들의 방화로 큰 손실을 입었다. 현재 도서관은 2002년에 새로 지은 곳이지만 당대 지성의 중심지였던 대도서관을 생각하며 방문해볼 만하다. 고대 도서관이 있던 자리에 유네스코 주관으로 설계 공모가 이루어졌고, 1990년 국제회의를 통해 후원 기금을 모금했다. 도서관 외벽에는 전 세계 문자가 새겨져 있는데, 이는 후원한 나라의 언어를 적어둔 것으로 한글도 볼 수 있다.

시와 사막

카이로 남서쪽에 위치한 사막 동네로 리비아에서 불과 50km 떨어진 작은 오아시스 마을이다. 투어에 참여하거나 차를 대절해 오래된 성채나 에메랄드 빛 소금 호수, 사하라 사막을 둘러볼 수 있다. 다른 지역과 거리가 멀어서 이집트 사람들도 가고 싶어 하는 버킷리스트 여행지다. 비는 거의 오지 않지만, 지하수가 흘러 약 25만 그루의 대추야자 나무와 약 3만 그루의 올리브 나무를 재배한다. 이는 시와의 특산품으로 대추야자로 담근 술도 맛볼 수 있다. 소금으로도 유명한 지역이라 소금 조명 등 관련 기념품도 많다.

이집트
BEST
사막 투어

이집트 여행 중, 가장 힘들지만 기억에 남는 장소로 사막을 꼽는 여행자가 많다. 카이로에서 다녀올 수 있는 사막은 거리 순으로 크게 파이윰, 바하리야, 시와 세 곳으로 나눌 수 있다. 일정이 짧다면 가까운 파이윰이나 바하리야 사막, 여유가 있다면 시와 사막에서 며칠 머물며 사막 동네를 온전히 느껴보길 추천한다.

파이윰 Faiyum

카이로에서 차로 2~3시간 소요되는 곳으로 버스나 차를 대절해 갈 수 있다. 다른 지역에 비해 모래 사막 느낌은 덜하지만 카이로에서 가까운 거리에 사막과 독특한 지형, 호수, 이색적인 마을까지 볼 수 있는 것이 장점이다. 볼거리 중 가고 싶은 곳을 몇 군데 묶어 방문해보자.

바하리야 사막 Bahariya

카이로에서 5시간이면 방문할 수 있어서 여행자가 가장 즐겨 찾는 사막이다. 대부분 1박 2일 사막 투어에 참여하지만 원하면 2박 3일, 3박 4일 코스도 가능하다. 투어 계약에 식사와 음료, 침낭, 담요, 텐트가 포함되어 있다. 달이 최대한 작을 때 가야 별을 더 많이 볼 수 있다. 카이로에서 바하리야 사막을 개인적으로 갈 때는 트루고만 버스터미널에서 오전 8시 버스를 타고 가는 게 좋다. 계절에 따라 버스 시간이 변동될 수 있으니 버스표를 예약해두는 게 좋다.

시와 사막 Siwa

대개 오후 3시에 출발해 다음 날 아침 9시에 돌아오는 1박 2일 코스로 4인승 지프를 이용한다. 사막 캠프에서 자거나 모래 위에 텐트를 치고 자는데 이에 따라 비용 차이가 있다. 간단한 홍차와 석식, 조식이 포함되어 있고 모기약이 필요할 수 있으니 챙겨가는 것이 좋다. 오아시스 근처 깨끗한 모래 언덕에 땅을 파고 10~15분 얼굴을 제외한 몸 전체를 모래로 덮고 찜질을 하는데 이는 현지인들이 수 세대에 걸쳐 행한 민간요법이다.

이집트
BEST 휴양지

홍해와 지중해를 품은 이집트는 유적과 더불어 바다를 즐기기에도 안성맞춤이다. 바다가 한눈에 내려다보이는 호텔, 리조트 및 에어비앤비 등 숙소 선택의 폭이 넓은 편이니 예산에 맞는 숙소를 찾아보자.

후르가다 Hurghada

짧은 일정에 홍해를 느끼고 싶다면 카이로와 룩소르에서 버스로 약 6시간만 가면 되는 후르가다가 제격이다. 저렴한 가격에 해변을 따라 조성된 올인클루시브 리조트를 즐길 수 있을 뿐만 아니라 사막과 해양 스포츠, 스쿠버 다이빙까지 다양한 액티비티를 해볼 수 있다.

마르사 알람 Marsa Alam

카이로에서는 고버스로 약 12시간, 후르가다에서는 약 4시간 이동하면 나오는 도시로 돌고래와 듀공(마르사 무바락) 포인트로 유명한 곳이다. 리조트 외에는 레스토랑이나 호텔을 찾기가 어렵고 올인클루시브 리조트가 많아 숙소 가격대가 높은 편인데, 후르가다에서 여행사를 통해 당일치기로 다녀오거나 리브어보드를 이용할 수 있다. 참고로 마르사는 '해변'이라는 뜻이다.

샴 엘 셰이크 [샤름 엘 셰이크] Sharm el-Sheikh

공항이 없는 다합을 항공편으로 가기 위해서 거쳐야 하는 도시로 다합보다 화려한 올인클루시브 리조트와 다이빙을 즐길 수 있는 다이빙 센터가 즐비하다. 다합까지는 차로 약 1시간 소요된다. 카이로를 거치지 않고 샴 엘 셰이크로 바로 입국 시 공항에서 25달러를 지불하고 30일 비자를 받을 수 있다. 시나이 반도(샴 엘 셰이크, 다합 등) 내에서만 머물 경우 15일간 무비자로 지낼 수 있다. 다합에 오래 머물 경우 비자 연장도 샴 엘 셰이크에서 할 수 있는데 비자가 만료되기 2주에서 한 달 사이에 가야 하고 여권, 증명사진 1장, 여권 복사본 2장, 비자 스티커 복사본 1장, 파란색 볼펜이 필요하다. 1,700파운드 정도를 지불하면 3주~한 달 후에 6개월 비자를 받을 수 있다.

다합 Dahab

세계에서 가장 저렴하게 다이빙을 즐길 수 있는 배낭여행자의 블랙홀로 저렴한 물가와 아름다운 바다, 특유의 편안한 분위기 덕에 한 달도 짧게 느껴지는 곳이다. 한 달 이상 머물 경우, 집을 렌트하거나 다른 여행자와 함께 쉐어하는 경우가 많다. 한국인이 운영하는 다이빙 센터가 많아서 어렵지 않게 다이빙을 배울 수 있고, 다이빙을 하지 않아도 즐길 수 있는 스노클링 포인트도 많다. 아름다운 바다를 유지하기 위해서는 산호를 절대 밟아서는 안 된다는 것을 꼭 기억하자. 장기 체류 시, 쉐어하는 여행자들과 함께 직접 요리를 하는 경우도 많은데 요리 실력이 좋다면 매우 환영받을 것이다.

마르사 마트루 Marsa Matruh

알렉산드리아에서 약 240km 떨어진 곳으로 버스로 3~4시간 거리에 위치한 지중해 휴양지다. 클레오파트라가 목욕을 즐긴 곳이라고 하여 붙여진 클레오파트라 해변을 비롯해 그리스의 어느 해변을 연상케 하는 아지바 해변, 바다가 내려다보이는 인상적인 모스크를 볼 수 있는 곳이다. 알 알라민, 뉴 알라민과 더불어 차를 대절해 시와 사막에 갈 경우 쉬어 가기에 좋다.

이집트
BEST
액티비티

역사에 관심이 없는 사람에게는 이집트가 지루한 나라일까? 바다와 사막 그리고 나일강을 품은 이집트는 여행자에게 심심할 틈을 주지 않는 흥미진진한 나라다. 여행자가 즐겨 찾는 도시에서도 즐길 수 있는 액티비티를 소개하니 기호에 맞게 참여해보자.

펠루카 투어

1시간 반에서 2시간 정도, 옛 방식에 따라 바람으로 움직이는 나룻배인 펠루카를 타고 나일강 위를 유영하는 투어다. 룩소르에서 노을을 즐기기에 가장 좋은 방법으로 바람에 의지해 움직이는 만큼 바람이 많이 부는 날 타는 것이 좋다.

벌룬 투어

새벽 4시, 호텔에서 픽업 후 보트를 타고 서안으로 이동해 약 45분 탑승하는 코스로 다양한 유적지와 사막과 초록의 경계를 뚜렷하게 볼 수 있어서 인기가 많다. 날씨가 쌀쌀한 편이니 따뜻한 옷을 챙기는 게 좋다.

해양 스포츠

바다를 품은 이집트는 해양 스포츠를 즐기기 좋은 나라다. 인기가 많은 지역은 후르가다와 다합으로 카이트 서핑, 수상 스키, 웨이크 보드, 스노클링, 해변에서 말 타기 등을 즐길 수 있다. 특히 다합은 바람이 많이 불어서 카이트 서핑, 윈드 서핑 명소로 알려져 있다.

스쿠버 & 프리 다이빙

세계에서 가장 저렴한 가격에 다이빙을 배울 수 있는 곳으로 알려진 다합은 다양한 프로그램과 한국인 커뮤니티가 잘 형성되어 있어서 저렴한 가격에 한국어로 수업을 듣기 좋다. 다이빙을 하며 듀공이나 돌고래, 상어를 보고 싶다면 다합에서 코스를 마친 후 후르가다와 마르사 알람에서 투어에 참여하는 것을 추천한다.

사막 투어

국토의 95%가 사막으로 이루어진 이집트는 도시에서 조금만 나가도 사막을 볼 수 있다. 사막 지역에 갈 수 없지만 분위기를 느끼고 싶다면 여행자가 많아 투어를 즐기기에 좋은 후르가다에서 낙타를 타고 사막을 이동하는 사파리나 모래 언덕에서 미끄러져 내려오는 샌드 보딩, ATV 차량을 타고 사막을 질주할 수 있다.

나일강 크루즈

애거서 크리스티의 소설 '나일강의 죽음'에도 등장하는 나일강 크루즈는 나일강을 따라 룩소르와 아스완을 3박 4일 또는 4박 5일간 천천히 오가는 크루즈다. 에드푸와 콤 옴보, 에스나 운하 등 볼거리가 있을 때는 배를 정박하고 기항지 투어를 진행한다. 이집트를 제대로 느끼고 싶다면 가장 추천할 만한 투어다.

올인클루시브 호텔

투숙하면 식사부터 주류까지 모든 것을 무료로 즐길 수 있는 곳으로 후르가다와 샴 엘 셰이크 등 해안가에 많은 편이다. 여행을 마치고 여유가 된다면 하루 정도 쉬어가기 좋다

이집트 BEST 음식 & 음료

5000년 역사를 품은 이집트 식문화는 풍요로운 삼각주의 나일강 덕분에 다채로운 재료를 이용한다. 주로 콩, 채소와 과일, 치즈를 이용하고 양고기, 닭고기, 쇠고기, 비둘기고기가 주식이다. 이집트 홍해는 향신료 무역의 주요 지점으로 다양한 향신료를 이용한 음식이 발전했다. 기원전 3000년경 사카라 무덤에서 나온 항아리에서 치즈의 흔적이 발견될 정도로 오랜 역사를 자랑하고 이슬람이 다수 종교이기에 돼지고기를 이용한 요리는 전무하다. 술도 구할 수는 있지만 즐기는 사람은 많지 않다.

 요리

아이시 Aish

빵으로 인해 혁명이 일어날 만큼 중요한 이집트 주식으로 단어의 의미도 '삶'이다. 집에서 직접 반죽해서 만들기도 하지만 동네마다 커다란 화덕이 있는 빵집이 있어서 사먹는 경우도 많다. 식당에서 어떤 음식을 주문하더라도 아이시가 함께 나온다.

파티르 미샬텟 Feteer Meshaltet

이집트식 피자로 고대 이집트에서 신전에 바치는 제물 중 하나였고, 지금도 결혼식이나 종교 행사가 있을 때 즐겨 먹는 음식이다. 손님을 환대할 때 내는 음식 중 하나로 2009년 미국 버락 오바마 대통령이 이집트를 방문했을 때도 제공되었다. 종이처럼 얇게 늘린 반죽을 여러 번 착착 접어서 만든 빵에 다진 고기나 치즈로 속을 채운다. 설탕가루를 뿌려서 디저트로 먹기도 한다.

하와우시 Hawawshi

파티르보다 좀더 두꺼운 빵에 고기 패티를 넣어서 겉의 빵은 바삭하게 굽고, 안의 고기는 촉촉한 이집트식 겉바속촉의 진수를 보여주는 음식이다. 양파, 후추, 파슬리, 그리고 때로는 매운 고추나 고추에 절인 다진 고기로 속을 채우기도 한다. 신선한 고기를 사용하기 위해 정육점에서 직접 운영하는 경우가 많고, 떡갈비와 비슷하여 한국인의 입맛에 잘 맞는 편이다.

마흐시 Mahshi

가지, 사탕수수, 토마토, 포도, 양배추 잎에 돌돌 만 모양이 스프링롤을 닮았다. 마흐시는 안에 토마토, 양파, 파슬리, 딜, 소금, 후추, 향신료로 맛을 낸 쌀을 넣고 감싼 후 냄비에 넣고 닭고기 육수나 소고기 육수에 찌는 것으로 손이 많이 가는 음식이다. 마흐시라는 단어는 속을 채워 넣었다는 뜻이다.

쿠샤리 Koshari

쌀, 마카로니, 렌틸콩을 섞어 만든 19세기 이집트 요리로 향신료 토마토 소스와 마늘 식초를 얹어 병아리콩과 바삭바삭 튀긴 양파를 곁들인다. 원래는 푸드 트럭에서 팔던 길거리 음식이었으나, 쿠샤리 전문점이 생기면서 저렴하게 먹을 수 있는 한끼로 사랑받고 있다. 특히 카이로에 있는 '아부 타렉'은 쿠샤리 하나로 포장마차에서 건물주가 된 곳으로 이집트 여행 시 빠뜨리면 아쉬운 곳이다. 이집트 박물관과 가까우니 함께 방문해보자.

바바 가누그 Baba ghanoush

이집트 요리에서 제공되는 가장 인기 있는 소스 중 하나로 가지를 불에 굽거나 볶은 다음 껍질을 벗기고 타히니, 마늘, 올리브 오일, 레몬주스, 허브 등 다양한 재료를 섞어 만든다. 식사를 주문하면 빵과 함께 반찬으로 제공되는 경우가 많다.

물루헤야 Mulukhiyah

잎이 많은 관목인 코호러스 식물의 잎으로 청록색 잎을 잘게 썰어 마늘, 고수 등의 재료를 넣어 닭고기 육수나 토끼고기 육수로 조리한 수프다. 점성이 있어서 한국의 매생이죽 같은 느낌으로 익숙하지 않은 맛이나 바로 조리해 먹는 맛은 중독성이 있다. 전통 음식점에서는 손님 자리에 와서 물루헤야와 마늘을 섞는 쇼를 보여주는 곳도 있다.

풀 메다메스 Ful Mudammas

콩을 삶아 갈아서 올리브 오일과 쿠민을 섞어 만드는 소스 형태이나 아침 식사로 즐겨 먹는 음식이다. 여기에는 흥미로운 유래가 있는데, 오래 전 밤에 문을 닫은 목욕탕에서 목욕물을 데울 때 파바콩을 올려 익힌 후, 다음 날 아침에 그것을 팔았다고 한다. 그래서 아침에 먹는 음식으로 인식되어 있다.

타메야 Tamiya

다른 중동 지역에서는 팔라펠이라 불리는 음식으로 파바콩에 향신료를 넣고 둥글게 만들어 튀긴 음식으로 주로 아침에 먹는다. 사순절 기간에 고기 대신 먹거나 라마단 기간에 이프타르 중의 하나로 먹기도 한다. 이집트 맥도날드에서는 맥팔라펠을 팔기도 한다.

샥슈카 Shakshuka

토마토와 채소를 볶아 달걀을 올려 익힌 요리로 후무스와 팔라펠, 바바 가누그와 함께 먹기도 한다. 다진 소고기나 양고기를 넣어서 만드는 경우도 있다. 주로 아침 식사로 먹는 경우가 많고, 아이시와 함께 먹는다. 조리법이 간단하여 여행의 추억을 떠올리며 만들어 먹기도 좋다.

밤야 Bamya

토마토에 오크라, 양파, 마늘, 고추, 고수, 향신료를 넣고 끓인 음식이다. 오크라를 부르는 이름도 밤야로 동일하다. 간혹 고기를 넣고 조리하기도 하고 밥이나 빵에 곁들여 먹는다.

하맘 마흐시 Hamam Mahshi

쌀 또는 녹색 밀과 허브로 속을 채운 새끼 비둘기 요리로 끓여서 익힌 후 굽는다. 근육이 발달하면 고기가 질겨지므로 6주 정도 된 새끼 비둘기를 사용한다. 몸 보신용으로 먹는 경우가 많다.

케밥 & 코프타 Kebab & Kofta

고기를 꼬치에 꽂아 구운 음식으로 코프타는 동그란 모양, 케밥은 길쭉한 모양으로 빚는 경우가 많다. 대개 소고기나 양고기에 양파, 마늘, 파슬리, 민트, 육두구, 카다멈, 쿠민, 파프리카 등 다양한 향신료를 섞는다. 밥과 함께 먹거나 빵 속에 넣어서 샌드위치처럼 먹기도 한다.

🍰 디저트

쿠나파 Kunafa

필로 페이스트리와 치즈를 겹겹이 쌓아 만든 중동 대표 디저트로 이집트는 원래 치즈를 넣지 않았지만 팔레스타인의 영향으로 치즈와 크림을 넣어 만들기도 한다. 장미수나 오렌지 꽃물에 푹 적셔서 먹기 때문에 상상 이상으로 단맛이 강하다.

바스부사 Basbousa

세몰리나, 코코넛, 요구르트로 만든 이집트 케이크로 장미나 오렌지 꽃물을 넣은 시럽을 이용해 달콤함을 더하고 아몬드나 피스타치오 같은 견과류로 장식한다. 바스부사라는 단어는 사랑하는 사람을 부르는 애칭으로 사용되기도 한다.

옴 알리 Om Ali

알리의 어머니라는 뜻으로 13세기 이집트의 맘루크 술탄인 알디브 아이바크의 첫 번째 아내 이름을 딴 것이다. 전설에 따르면, 술탄의 마지막 부인이 쿠데타를 계획하다가 실패 후 자살한 것을 보고 첫 번째 부인인 알리의 어머니가 기뻐하며 만든 특별한 디저트. 빵을 잘라 설탕, 건포도, 피스타치오, 코코넛 등을 넣고 우유를 부어 먹는다.

로즈 벨 라반 Roz Bel Laban

로즈 벨 라반은 쌀, 우유, 버터, 바닐라, 설탕, 계피, 육두구로 만든 이집트 쌀 푸딩이다. 장미나 오렌지 꽃물을 넣고 건포도와 다진 견과류를 곁들인다. 따뜻하게 먹거나 차갑게 먹기도 하고, 아침 식사나 간식으로 먹는다.

아타예프 (카타예프) Atayef

카타예프 또는 아타예프는 라마단 기간에 즐겨 먹는 아랍식 팬케이크로 반죽의 한쪽 면을 익힌 후 치즈와 피스타치오, 호두, 아몬드, 헤이즐넛과 같은 다양한 견과류로 속을 채운다. 라마단 기간에는 어디서나 먹을 수 있고, 담백하게 먹거나 시럽이나 꿀을 뿌려 먹기도 한다.

음료

샤이 Chai

차를 뜻하는 말로 주로 홍차를 말하고 우유를 넣어 마시기도 한다. 케냐와 스리랑카에서 독점 수입하며, 하부 이집트에서는 홍차에 설탕과 민트를 넣어 마시는 쿠샤리 차, 북부 이집트에서는 차에 설탕을 넣어 마시는 사이디 차를 주로 마신다. 이집트인의 일상에 빠질 수 없는 부분으로 누군가 방문하면 차를 대접하는 것을 즐긴다. 아침에는 항상 우유를 넣어 마신다.

카르카데 Karkadeh

히비스커스를 이용한 차로 설탕을 넣고 차갑게 마시거나 뜨겁게 마신다. 혈압을 낮추는 용도나 레몬과 꿀을 넣어 감기 예방을 위한 차로 마시기도 한다.

아흐와(커피) Coffee

터키식 커피와 비슷한 방식으로 주로 에스프레소 잔에 마신다. 진한 커피에 설탕을 넣어 달달하게 마신다.

아시르 아삽 & 만가 (사탕수수 주스 & 망고 주스) Juice

저렴한 가격에 신선한 생과일 주스를 맘껏 즐길 수 있다는 것은 이집트 여행 중 큰 즐거움이다. 과일을 쌓아두고 바로 착즙해 파는 주스 전문점이 많고 식당에서도 언제나 과일 주스를 즐길 수 있다. 위생이 좋지 않은 곳은 배탈이 날 수도 있으니 주의하자.

맥주 Beer

이집트에서는 기원전 약 4000년에 지은 세계 최초의 양조장과 양조 작업에 사용한 용기가 발견되었는데, 사람들은 맥주를 주식으로 마시거나 급여로 제공하기도 했다. 사카라나 룩소르 등 유적지 지명을 이용한 맥주 브랜드와 별이라는 뜻의 스텔라를 가장 흔히 볼 수 있다.

와인 Wine

이집트에는 규모가 크진 않지만 약 3000년 전부터 와인 문화가 있었고 최근 몇 녀가 국제적이 상을 수상하며 인정을 받기 시작했다. 엄청난 맛을 기대하긴 어렵지만, 이집트 와인을 맛보는 데 의미를 두자.

이집트
BEST
쇼핑 아이템

유적지 어딜 가나 기념품 상점이 함께 있지만 물건은 모두 비슷비슷하다. 마그넷과 파피루스 같은 기념품은 모두 룩소르에 위치한 공장에서 만들기 때문에 룩소르 시장에서 구입하는 게 가장 좋고, 꿀이나 마그넷과 파피루스와 같은 기념품은 룩소르 시장이나 칸 엘 칼릴리 시장에서 구입하는 것이 좋고, 꿀이나 히비스커스 차는 슈퍼, 오일이나 꿀은 임테난HMTENAN 제품이 괜찮은 편이다.

상형문자 액세서리
상형문자로 이름을 새긴 목걸이나 팔찌, 반지를 주문 제작할 수 있다. 룩소르의 샘 하우스(Azit Guest House)가 제일 유명하고, 한 시간에서 하루 정도 소요된다.

마그넷
대개 피라미드나 이집트 국기로 만든 것이 가장 많은데, 각 유적지 입구에 있는 상점에서 해당 장소와 관련 있는 마그넷을 판다.

파피루스 기념품
파피루스에 그린 그림이나 작은 책갈피를 판매한다. 가볍고 가격이 저렴해 가장 무난하게 선물할 수 있는 기념품이기도 하다.

쿠션 커버
이슬람의 영향으로 다채로운 문양이 발달한 이집트답게 기하학적인 무늬를 수놓은 쿠션 커버가 돋보인다.

전등
부피가 크면 가져가기 어렵지만 분리하여 포장할 수 있다. 특별한 분위기를 만드는 데 한몫을 하니 하나쯤 사갈 만하다.

모래 아트
작은 병에 색색의 모래를 쌓아 그림과 글씨를 그리는 것으로 이름 이니셜이나 원하는 그림을 주문할 수 있다.

대추 야자

몸에 좋은 단맛을 즐길 수 있어서 어른에게 드릴 선물로 인기가 많은 편이다. 식품인 만큼 회전률이 좋은 곳에서 구입하자.

블랙시드 오일

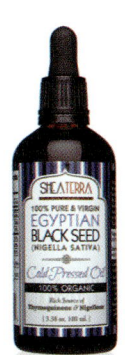

비염과 피부 윤기에 효과가 있고, 샐러드나 빵 등 요리에 이용하거나 작은 스푼으로 떠먹어도 된다.

아카시아 꿀, 석청

면역력을 높이는 데 도움이 되는 식품으로 한국보다 저렴한 가격에 구입할 수 있다.

히비스커스 차

피로 회복에 좋고 혈압과 콜레스테롤 수치를 낮추는 효능이 있는 차로 티백보다는 말린 잎을 사는 게 더 좋다.

인센스 홀더

스틱형 인센스를 세울 수 있는 인센스 홀더를 이집트 고대 신이나 파라오 흉상을 본떠 조각한 것이다.

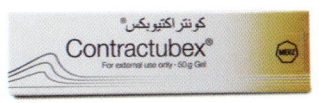

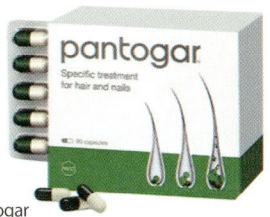

콘투락투벡스 겔 Contractubex Gel

화상이나 사고 후 상처 및 흉터 치료에 좋은 연고로 한국보다 저렴한 가격에 구입할 수 있다.

판토가 Pantogar

직구를 통해 구입할 정도로 인기가 많은 탈모약이다. 모든 약은 부작용이 발생할 수 있다는 점을 기억하자.

이집트

역사 & 문화

이집트는 유구한 역사를 지니고 있는 국가다. 5000여 년 전부터 나일강변에서 문명이 태동하기 시작하였고, 기원전 30세기에 이르자 이집트 문명은 문자, 종교, 농업 등 모든 분야에서 비약인 발전을 이룩하며 풍요로운 시대를 이루었다. 이 시기에 이집트에 기자의 피라미드와 대스핑크스가 세워졌으며 멤피스, 테베, 카르나크, 왕가의 계곡 같은 위대한 유산을 남겼다. 그러나 점차 쇠퇴를 거듭하며 그리스인, 페르시아인, 로마인 등 외세인들이 연이어 이집트를 지배하였다. 이집트는 초기 기독교의 가장 핵심적인 중심지였으나 아랍인들의 지배를 받기 시작하고 점차 무슬림들의 영향력이 강해지며 7세기경에 이르러서는 확연한 이슬람 국가가 되었다. 이집트는 문화 검열이 심한 아랍권에서 어느 정도 자유로운 편이고 인구가 많아 아랍계 국가들의 문화를 선도하고 있다. 이집트 문화라 하면 고대 이집트 문화만을 떠올리는 경우가 많은데, 현대 이집트는 이슬람 문명으로부터 오랫동안 영향을 받아왔기에 아랍 문화와 더 유사하다. 세계 어느 나라보다 아는 만큼 보이는 여행지이니 여행 전에 배경지식을 쌓고가는 것을 추천한다.

이집트의 신

이집트 역사에는 2000명이 넘는 신이 존재했다. 이들은 국가 제사 의식과 종교적 관습의 중심이 되었고, 장례 의식과 영생을 바라는 이집트인의 믿음에 중요한 부분으로 국가 통치에 있어 빠질 수 없는 중요한 부분이기도 했다. 이집트를 여행하며 계속 만날 주요 신들을 미리 알아보자.

태양신, 라 Ra

가장 오래된 신이자 중요한 신으로 하늘과 땅, 지하세계를 다스리는 신이다. 머리 위에 있는 둥근 원으로 묘사되거나 다른 신과 병합되어 그려진 것을 볼 수 있다. 하늘의 신인 호루스와 병합되어 라-호라크티Ra-Horakhty 또는 정오의 태양인 아문Amun이나 저녁의 태양인 아툼Atum으로 불리기도 했다.

아문 Amun

고대 이집트 창조신으로 모든 신의 신이자, 산 자와 죽은 자의 지도자이기도 하다. 아내 무트Mut와 아들인 콘수Khonsu와 함께, 당시 수도였던 테베, 현재 룩소르의 삼위 신으로 숭배되었다. 현재 룩소르 서안 지구에 있는 카르낙 신전도 룩소르 삼위 신에게 봉헌된 신전이다.

오시리스 Osiris

지하세계의 신으로 죽음과 부활, 나일강 홍수의 순환을 주관한 신이다. 이집트의 왕을 통치하기도 했는데, 동생인 세트Seth에게 살해당해 14조각으로 절단되었다. 오시리스의 누이이자 아내였던 이시스가 이를 찾으려고 부활해, 지하세계의 재판관이 되었다. 오시리스의 벽화는 주로 녹색으로 표현됐는데, 이는 녹색이 부활을 상징하는 색이기 때문이다.

이시스 Isis

다산의 여왕으로 죽음과 치유의 신이다. 이집트의 여신이자 그리스-로마제국에서도 숭배되었다. 오시리스를 부활시키고 아들 호루스를 낳고 보호했다. 아스완에 있는 필레 신전은 오시리스의 매장지이자 이시스 여신에게 봉헌된 신전이다.

호루스 Horus

매의 형태로 묘사되는 신으로 오시리스의 아들이자 하토르 여신의 남편이기도 하다. 오른쪽 눈은 태양, 왼쪽 눈은 달을 의미하는데 세트와 싸우며 왼쪽 눈을 다쳤으나 토트 신이 치료해주어 '호루스의 눈'은 안전을 지켜주는 부적으로 사용되었다. 호루스에게 봉헌된 신전이 에드푸 신전이다. 호루스를 위해 지은 곳은 룩소르와 아스완을 오가는 나일강 크루즈 기항지에 위치한 에드푸 신전이다.

하토르 Hathor

사랑과 여성, 다산을 주관하는 여신으로 여성성과 관련 있는 신이다. 파라오의 상징적 어머니로 특히 상부 이집트에서 숭배한 여신으로 하토르-덴데라 신전과 핫셉수트 장제전, 필레 신전에서 볼 수 있다. 소의 형상으로 왕에게 젖을 먹이는 모습을 새긴 벽화를 볼 수 있는데 이는 왕이 여신의 젖을 먹고 더할 나위없이 건강하다는 것을 표현한 것이다.

아내가 4명이라고?

이집트는 법적으로 4명까지 일부다처제가 가능하다. 하지만 실제로 아내가 2명 이상 있는 경우는 많지 않다. 모든 아내에게 동등하게 대해야 하기 때문에 경제적인 이유가 가장 크다. 간혹 첫 번째 아내가 아이를 갖지 못할 때 두 번째 아내를 찾아 결혼하는 경우도 있다. 일부다처제에 익숙하지 않은 외국인 여성은 이집트 남자와 결혼하기 전에 다른 결혼을 하지 않겠다는 혼전 서약서를 작성하는 경우가 많다.

아누비스 Anubis

자칼 머리를 한, 사후 세계를 관장하는 신으로 시신의 방부 처리와 미라, 무덤을 관리한다. 사람이 죽으면 영혼을 판정해 하늘로 올라갈 수 있는지 감별했는데 죽은 사람의 심장이 깃털보다 가벼우면 하늘로 올라가고, 무거우면 암미트가 삼킨다고 믿었다. 알렉산드리아 카타콤에는 죽은 파라오가 오시리스에게 심판받을 때, 아누비스가 파라오의 심장을 저울질하는 부조를 볼 수 있다.

암미트 Ammit

사람을 잡아먹는 동물인 악어의 얼굴에 사자의 머리, 하마의 몸을 가진 죽은 자의 포식자로 알려져 있다. 사람들은 아누비스가 심장의 무게를 저울질하여 깃털보다 무거우면 암미트가 삼킨다고 믿었다.

케프리 Khepri

풍뎅이 얼굴을 한 신으로 떠오르는 태양 또는 아침 해를 상징한다. 고대 이집트 언어로 '케프리'는 발전, 창조, 쇠똥구리를 의미한다. 쇠똥구리는 소똥에서 부화하는데 이를 무에서 유를 창조하는 것으로 보았고 풍뎅이는 자신의 배설물을 공처럼 둥글게 만드는 것을 보며 태양을 굴리는 것으로 생각해 신격화했다. 룩소르 카르낙 신전에서 가장 큰 케프리 석상을 볼 수 있다.

이집트 남자도 군대에 간다고?

주변 정세가 불안정한 이집트는 우리 나라처럼 징병제를 실시한다. 이집트 군사력은 아프리카 최고일 정도로 막강한 편이다. 학력에 따라 복무 기간이 달라지고 군 시설이 상대적으로 열악하다보니 군대에서 전갈 물린 이야기, 군대에서 축구한 이야기 등 수많은 영웅담을 들을 수 있다.

이집트의 왕 & 고대 이집트 왕국 연대기 & 이집트 역사

이집트의 주요 왕

조세르 BC 2686~2649년, 최초의 피라미드인 계단형 피라미드 건축
쿠푸, 카프레, 멘카우레 BC 2589~2504년, 기자 피라미드 건축
멘투호테프 2세 BC 2060~2009년, 상하 이집트 통일 후 중왕국 시대 시작
핫셉수트 BC 1508~1458년, 여성 파라오로 무역을 통해 나라를 부강하게 함
람세스 2세 BC 1279~1213년, 이집트 영토를 최대로 확장하고 가장 많은 유적을 남김
투탕카멘 BC 1332~1323년, 도굴되지 않은 무덤 발견으로 유명해짐. 황금 마스크가 유명

이집트 왕국 연대기

왕조	시기	연도	주요 내용
선왕조 시대		BC 4500~3000년	나일강 유역에는 수십만 년 전부터 사람들이 살았다. 이 부족들을 중심으로 왕조 성립의 기초가 되는 파이윰Faiyum 문화와 농경과 목축을 하는 바다리Badari 문화가 탄생했고, 지배층이 생겨나며 사회가 계층화되었다.
1, 2왕조	초기 왕조 시대	BC 3150~2686년	나르메르가 상하 이집트를 통일하며, 고대 이집트 왕조의 서막이 시작되었다. 북부 정복을 기념해 제작한 나르메르 왕의 팔레트(염료나 화장품들을 이 위에서 빻아 얼굴에 바르는 화장판)가 있다.
3~8왕조	고왕국 시대	BC 2686~2145년	피라미드 건축 시대로 수도인 멤피스를 중심으로 죽은 자를 위한 무덤의 도시인 네크로폴리스를 조성했다.
9~11왕조	제1중간기	BC 2145~2025년	6왕조부터 고왕국이 쇠퇴하며 지방 귀족이 파라오의 권위를 위협하였다. 7, 8왕조는 짧은 기간 존재했다.
11~13왕조	중왕국 시대	BC 2025~1794년	11왕조 중간에 통일되며, 수도를 멤피스에서 테베로 옮겼다.
13~17왕조	제2중간기	BC 1794~1550년	중왕국 시대가 끝나고 신왕국 시대가 시작되기 전의 혼란기로 힉소스의 침입을 받았다.
18~20왕조	신왕국 시대	BC 1550~1070년	고대 이집트 시대 중 가장 번영했던 왕조로 장제전을 건축해 파라오의 업적을 기리고 무덤을 따로 만들었다. 카르낙 신전, 룩소르 신전, 핫셉수트 장제전, 하부 신전, 왕가의 계곡 등이 모두 이 시기에 건축되었다.
21~25왕조	제3중간기	BC 1069~664년	누비아인이 아스완 엘레판티네 섬에 쿠시 왕국을 세우고, 80년간 이집트를 통치하였다.
26~31왕조	말기 왕조 시대	BC 664~332년	제3중간기가 끝나고, 알렉산드로스 대왕부터 점령당하기 전까지의 기간이다.
프톨레마이오스 왕조		BC 332~30년	알렉산드로스 대왕의 뒤를 이은 프톨레마이오스 시대로 남성 파라오는 프톨레마이오스, 여성 파라오는 클레오파트라로 칭했다. 그리스 통치이나 이집트 전통을 계승한 연속성이 있어, 제32왕조로 불리기도 한다.

이집트 유적을 제대로 보기 위해서는 기원전 31세기부터 기원후 395년 로마제국령 시대까지의 흐름을 알 필요가 있다. 역사가 긴 나라이기에 모든 왕을 알기는 어렵지만 주요 왕 이름을 익혀둔다면 유적지 방문 시 보다 쉽게 이해할 수 있다. 나일강의 흐름에 따라 북쪽 카이로 근처는 하부 이집트, 아스완 등 남쪽을 상부 이집트라 칭한다. 고왕국은 하부 이집트 중심으로 멤피스가 수도였고, 중·신왕국은 상부 이집트 중심으로 수도는 테베(룩소르)였다.

이집트 역사

● 그리스·로마 시대

- BC 30 — 이집트, 로마의 속주로 전락
- AD 68 — 성 '마가'의 이집트 포교 (콥트기독교의 기원)
- 313 — 밀라노 칙령 발표
- 395 — 로마제국 분할 (이집트 동로마 제국으로 편입)

● 이슬람 시대

- 641 — 아무르 빈 알-아스 이슬람군, 이집트 정복
- 969 — 시아파 파티마 왕조, 이집트 정복
- 982 — 알-아즈하르 대학 개교
- 1171 — 살라딘, 십자군을 물리친 후 아이유브 왕조 창시
- 1250 — 터키계 노예 출신의 맘룩 왕조 등장
- 1517 — 오스만 터키 셀림 1세, 맘룩 왕조를 멸하고 이집트 정복

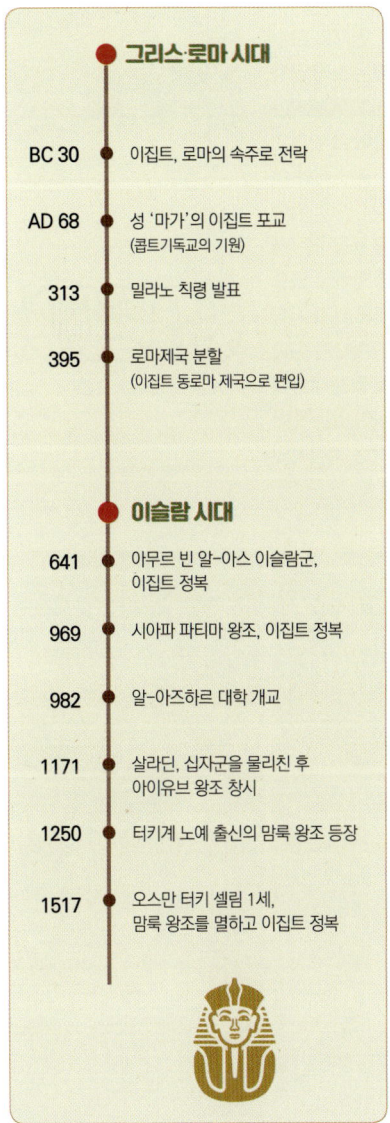

● 근대 이집트

- 1798 — 나폴레옹 이집트 원정(~1801년) 룩소르 카르낙 신전 발굴, 로제타석 발견
- 1805 — 알바니아계 무함마드 알리, 오스만 터키 총독으로 임명(이집트 근대화의 아버지, 근대적 개혁 조치 시행)
- 1869 — 수에즈 운하 개통
- 1882 — 영국군, 알렉산드리아 상륙 및 카이로 점령
- 1914 — 영국보호령 선포 (격렬한 독립 운동 전개)

● 현대 이집트

- 1922 — 영국, 이집트 독립 선언 (1923년 헌법 공포)
- 1947 — 이스라엘 독립국가 건설
- 1948 — 1차 중동 전쟁
- 1952 — 중동 전쟁 패배로 파룩 왕정에 대한 불신 팽배(나세르 대령이 주도하는 자유장교단, 무혈 혁명 성공)
- 1956 — 나세르 대통령, 수에즈 운하 국유화 수에즈 전쟁(제2차 중동 전쟁)
- 1967 — 6일 전쟁(제3차 중동 전쟁)
- 1973 — 10월 전쟁(제4차 중동 전쟁)
- 1978 — 캠프데이비드 협정 체결(미국 중재)
- 1981 — 무바라크 대통령 취임 (사다트 대통령 피살)

이집트 상형문자 읽는 방법

상형문자(신성문자)는 고대 이집트의 돌이나 나무에 새긴 문자로 기원전 4세기 프톨레마이오스 왕조까지 사용되었다. 이집트 신화에 따르면 지혜의 신인 토트가 만들어 인류에게 준 선물이라고 한다. 19세기 초, 프랑스 고고학자 샹폴리옹이 로제타 돌을 해석하며 세상에 알려졌다. 각 글자들은 여러 동물이나 사물, 신체의 모습을 본뜬 모습으로 세 가지로 분류할 수 있다. 첫 번째는 소리 글자로 모습과 상관없이 단어의 소리를 나타내는 데 쓰인다. 두 번째는 의미 글자로 소리 글자로 이루어진 단어의 맨 뒤에 붙어 그 단어의 뜻을 결정한다. 세 번째는 소리-의미 글자로 그 자체로 소리와 의미를 모두 가지고 있다. 왼쪽에서 오른쪽, 오른쪽에서 왼쪽, 위쪽에서 아래쪽으로 세 가지 방법으로 기록된다. 문자에 등장하는 사람, 동물, 새의 머리는 언제나 글이 시작되는 방향을 향하고 있으므로 문자 속의 인물이나 동물들이 바라보는 방향에서 읽기 시작하면 된다. 단, 아래에서 위쪽으로 읽는 법은 없다. 모아쓰기가 이루어지는데, 한글처럼 규칙이 있는 것은 아니고 원래 읽는 방향대로 차례로 읽어가면 된다. 왕의 이름은 선으로 둘러싸여 있는데 이를 '카르투시'라고 한다. 이것은 로제타 돌을 해석하는 결정적인 실마리가 됐다.

이름을 상형문자로 제작한 액세서리

상형문자로 쓴 '프톨레마우스'

단음 문자와 소리

A	B	C	D/J	E	F	G

H	I	J	K	L	M	N

O	P	Q	R	S SH(쉬)	T	U

V	W	X	Y	Z	Ch(히)	Ch(흐)

한눈에 보는 이집트

추천 코스

- 핵심 도시만 알차게_ 7박 8일 여행
- 사막과 지중해, 홍해를 모두 즐기고 싶다면_ 10박 11일 여행
- 인생에 한 달은 이집트에서_ 30박 31일 여행

Course 1. 핵심 도시만 알차게_ 7박 8일 여행

 카이로 IN → 룩소르 → 나일강 크루즈 → 아스완(아부 심벨) → 카이로 OUT

피라미드, 아부 심벨, 룩소르 신전, 왕가의 계곡 등 '이집트' 하면 떠오르는 대표 도시를 여행하고, 나일강에서 리버 크루즈를 즐길 수 있다.

일자	이동 루트	숙박 도시	교통수단
1	한국 – 카이로	카이로	항공
2	카이로 – 룩소르	나일강(룩소르 정박)	항공 / 나일강 크루즈
3	나일강 크루즈	나일강	나일강 크루즈
4	나일강 크루즈	나일강	나일강 크루즈
5	나일강 크루즈	나일강	나일강 크루즈
6	아스완(아부 심벨)	아스완	
7	아스완 – 카이로	카이로	항공
8	카이로 – 한국	기내	항공

교통 & 일정 여행 포인트

- 현지에서 항공권을 구하지 못하면 야간 이동을 해야 하니, 10일 이하의 기간을 여행할 때는 한국에서 모든 티켓을 예매하는 것이 좋다.
- 나일강 크루즈를 하루 줄여 진행하고 싶다면 일정을 거꾸로 진행하여 아스완에서 탑승하면 된다. 자세한 내용은 나일강 크루즈(166p)를 참고하자.
- 아부 심벨과 피라미드는 다른 유적들을 보고 나중에 보는 것이 훨씬 감동적이다.
- 유적에 관심이 많다면 자세한 설명을 들을 수 있는 한국어 투어(152p)에 참여해보자.

Course 2. 사막과 바다를 모두 즐기고 싶다면_10박 11일 여행

 카이로 IN → 바하리야 사막 → 카이로 → 아스완 → 나일강 크루즈 → 룩소르 → 후르가다 → 카이로 OUT

이집트의 사막과 바다, 나일강을 모두 즐길 수 있는 코스로 놓치면 아쉬울 유적을 모두 방문할 수 있는 효율적인 코스다.

일자	이동 루트	숙박 도시	교통수단
1	한국 – 카이로	카이로	항공
2	카이로 – 바하리야 사막	바하리야 사막	지프
3	바하리야 사막 – 카이로	카이로	지프
4	카이로 – 아스완	나일강(아스완 정박)	항공 / 나일강 크루즈
5	나일강 크루즈(아부 심벨)	나일강	나일강 크루즈
6	나일강 크루즈	나일강	나일강 크루즈
7	룩소르	룩소르	
8	룩소르 – 후르가다	후르가다	버스
9	후르가다 – 카이로	카이로	버스
10	카이로	카이로	
11	카이로 – 한국	기내	항공

교통 & 일정 여행 포인트

- 현지에서 항공권을 구하지 못하면 야간 이동을 해야 하니, 10일 이하의 기간을 여행할 때는 한국에서 모든 티켓을 예매하는 것이 좋다.
- 바하리야 사막 투어는 사막에서 하룻밤을 보내야 하니 검증된 여행사를 이용하는 것이 매우 중요하다.
- 인, 아웃이 동일하여 일정을 거꾸로 진행해도 문제는 없으나 체력이 좋은 여행 초반에 체력을 필요로 하는 사막 투어를 진행하고 휴양 도시인 후르가다를 마지막에 방문하는 것을 추천한다.
- 후르가다에서는 올인클루시브 호텔을 예약해 호텔 시설 이용과 해양 스포츠를 함께 즐겨보자.
- 물놀이에 관심이 없다면 룩소르에서 카이로를 거쳐 알렉산드리아를 방문할 수 있다.

Course 3. 인생에 한 달은 이집트에서_30박 31일 여행

 카이로 IN → 시와 사막 → 카이로 → 샴 엘 셰이크 → 다합 → 룩소르 → 나일강 크루즈 → 아스완 → 카이로 → 알렉산드리아 → 카이로 OUT

세계에서 가장 저렴하게 다이빙을 즐길 수 있는 다합에서 강습을 들으며 여유로운 시간을 보내고, 이집트 볼거리도 섭렵하는 최고의 코스다.

교통 & 일정 여행 포인트

- 일정에 여유가 있으니 항공 대신 버스를 이용할 수 있다.
- 카이로를 거치지 않고 샴 엘 셰이크로 입국하여 다합 여행 후 나머지 일정을 진행할 수 있다.
- 다합에서는 한 달 단위로 집을 렌트하는 것이 효율적이고, 한 달도 짧게 느껴질 수 있으니 이후 일정을 예약하지 말고 현지 상황을 보고 정하는 것을 추천한다.
- 다합에서 스쿠버 다이빙을 배운 후 더 즐기고 싶다면 마르사 알람이나 후르가다를 방문하는 것도 좋다.

일자	이동 루트	숙박 도시	교통수단
1	한국 – 카이로	카이로	항공
2	카이로 – 시와	야간 버스	버스
3	시와	시와 사막	지프
4	시와	시와	
5	시와 – 카이로	야간 버스	버스
6	카이로 – 샴 엘 셰이크 – 다합	다합	버스 / 항공
7~18	다합에서 다이빙 강습	다합	
19	다합 – 샴 엘 셰이크 – 룩소르	룩소르	항공
20	다합 –룩소르	룩소르	항공
21	룩소르	나일강(룩소르 정박)	항공 / 나일강 크루즈
22	나일강 크루즈	나일강	나일강 크루즈
23	나일강 크루즈	나일강	나일강 크루즈
24	나일강 크루즈	나일강	나일강 크루즈
25	아스완(아부 심벨)	아스완	
26	아스완 – 카이로	카이로	항공
27	카이로 – 알렉산드리아	알렉산드리아	버스
28	알렉산드리아 – 카이로	카이로	버스
29	카이로	카이로	
30	카이로	카이로	
31	카이로 – 한국	기내	항공

여행 준비

- 이집트 기본 정보
- 이집트 여행 Q & A
- 이집트 여행 시기
- 여행 전 체크리스트
- 출입국 체크리스트
- 이집트 교통 정보
- 알아두면 좋은 정보
- 여행 트러블 대처하기

이집트
기본 정보

국명	이집트아랍공화국
	아랍어: مصر (미스르)
	영어: The Arab Republic of Egypt
수도	카이로 Cairo(인구 약 1000만 명)
면적	100만㎢(한반도의 약 5배, 국토의 95%가 사막)
인구	1억 395만 명
	세계 14위로 평균 연령 24세, 약 60%가 30세 이하인 청년 국가
민족	이집트인(99.6%), 모로코·리비아·누비안·튀르키예 민족(0.4%)
언어	아랍어
정치체제	대통령 중심제(6년 연임제)
국가원수	대통령 : Abdel Fattah Al Sisi(알 시시)
	총리 : Mostafa Madbouly(마드불리)
종교	이슬람(수니파) 90%, 기독교 10%(콥트교가 85%)
전압	전압은 220V, 주파수는 50Hz. 플러그 모양이 한국과 같아서 그대로 사용할 수 있다.
화장실	유적지나 휴게소는 대개 5~10파운드
	수도식 비데 또는 물 바가지가 준비된 곳이 많다. 레스토랑, 백화점은 대부분 무료로 사용할 수 있다.

시차

한국과의 시차는 7시간으로 이집트가 한국보다 7시간 늦다. 한국이 7시라면 이집트는 낮 12시다. 한동안 서머타임을 실시하지 않다가 2023년부터 다시 적용하였다. 서머타임 시 한국과는 6시간 차이가 난다. 2025년은 4월 25일부터 10월 30일까지, 2026년은 4월 24일부터 10월 29일까지 적용될 예정이다.

비자

일반여권 소지자는 이집트 공항에서 25달러를 지불하고 단기체류비자 Visa on Arrival를 취득 후 30일간 체류할 수 있다. 외교관 및 관용여권 소지자는 90일간 무비자로 체류 가능하다.

비행 시간

카타르나 두바이, 튀르키예를 경유해 입국할 수 있고 경유 시간 포함 최소 14시간이 걸린다.

기후

이집트의 기후는 아열대성 기후와 사막 건조기후를 보이며 대체로 세 가지 유형으로 분류할 수 있다.

- **나일강 델타 지역**: 알렉산드리아 등 지중해 연안 지역은 온화한 지중해성 기후이나 그 외 지역은 아열대성 기후다.
- **나일강 유역**: 나일강을 따라 형성된 폭 2~20km의 초원 지대로 아열대성 기후다.
- **사막 지대**: 국토의 95%로 나일강 서쪽 리비아 사막, 동쪽으로 아라비아 사막, 홍해 건너 시나이 사막으로 나눌 수 있다. 여름철 한낮 기온은 섭씨 40~50도에 달한다.

휴일

이집트의 주말은 토, 일요일이 아닌 금요일이다. 금요일 정오에는 대부분 사원에 가서 이맘의 설교를 듣고 기도하기 때문에 금요일에는 모든 공공기관이 문을 닫는다.

알아두면 유용한 전화번호

범죄신고: 122
앰뷸런스: 19885 / 123 / 2574-3237
관광경찰: 126
교통경찰: 128
화재신고: 180(2391-9364)

주 이집트 대한민국 대사관

주소 3 Boulos Hanna St., Dokki, Cairo
전화 +20-2-3761-1234~7(근무시간), +20-12-8333-3236(근무시간 외)
개관 시간 일~목요일 08:00~14:00(점심시간 12:00~12:30, 금토 휴무)
홈페이지 overseas.mofa.go.kr/ma-ko/index.do

이집트 여행 Q&A

이집트 여행을 준비하며 궁금할 수 있는 내용을 담았다. 여행 시 반드시 알아야 할 내용이니 여러 번 읽으며 숙지해두자.

이집트 여행 안전할까? 혼자 떠나는 여행 괜찮을까?

이집트는 이슬람 국가로 남을 돕기 좋아하는 성향 덕분에 치안이 나쁘지 않은 편이다. 하지만 여성의 경우 캣콜링을 당할 수 있고(실제 성추행은 빈도가 낮은 편), 남성은 양 옆에서 팔짱을 끼며 호객 행위를 하는 경우가 종종 발생한다. 이른 시간과 해가 진 후에는 숙소 밖으로 나가지 않는 것이 좋고, 어디에서나 마찬가지로 술에 취해 돌아다니는 것은 매우 위험하다.

이집트 음식이 입에 잘 맞을까?

약간의 향신료를 이용해 익숙해지는 데 시간이 걸리지만, 고기를 쪄서 만든 따진이나 케밥은 한국인의 입맛에 잘 맞는 편이다. 소금을 과다하게 사용하는 경우가 있으니, 싱겁게 먹는 사람이라면 미리 얘기하는 것이 좋다. 물은 반드시 사 먹어야 한다. 날씨가 더울 때는 배탈의 위험이 있으니 길거리 음식을 먹지 않는 것이 좋고, 되도록이면 바로 튀겨낸 것을 먹어야 한다.

캐리어와 배낭 중 어떤 게 효율적일까?

어느 쪽이라도 상관없다. 도로가 좋은 편이 아니라 배낭이 간편하긴 하지만 캐리어를 가지고 여행해본 결과, 크게 불편하게 느껴지진 않았다. 호텔에서 엘리베이터가 없을 경우 무거운 캐리어를 들고 오르내려야 하지만 팁을 주고 직원의 도움을 받을 수 있다.

아랍어, 영어를 못해도 괜찮을까?

전반적인 여행에 제한이 있을 수 있고, 조금 불편할 수 있다. 하지만 영어를 할 줄 아는 사람이 언제나 한 명쯤은 있고, 친절한 이집트인들은 여유를 가지고 도와주기 때문에 여행을 하는 데 큰 문제가 되지 않는다. 하지만 간단한 회화와 고기의 종류 등 간단한 아랍어를 알고 가면 훨씬 더 수월하니 《인조이 이집트》 책에 첨부된 회화 부분을 참고해보자.

이집트 여행 시 지켜야 할 에티켓은?

관광 대국이기에 짧은 반바지나 민소매 등 옷차림에는 관대한 편이지만 길거리에서 과한 애정 표현을 하면 심각한 상황을 초래할 수도 있으니 각별히 조심해야 한다. 또한, 사진을 찍을 때 사람이 함께 잡힌다면 사진을 찍는다는 것을 미리 알리고 찍는 것이 좋다. 공공장소에서 술을 마시거나 병이 보이도록 들고 다니는 것은 불법이라는 것을 잊지 말자.

소매치기를 당하지 않으려면 어떻게 해야 할까?

물건을 몸에서 떼어놓지 않는 것은 기본이다. 핸드폰을 손에 들고 다니거나 가방을 크로스가 아닌 어깨에 살짝 걸쳐 메고 다니는 것은 소매치기에게 기회를 주는 것이나. 수버니에는 뇌노톡이번 아부셋노 닣시 잃는 것이 좋다. 다시 말하지만, 이른 시간과 늦은 밤에는 숙소 밖으로 나가지 말자.

여행사에서 여권 사본을 요구하는데 보내도 될까?

이집트는 여행자를 보호하기 위한 관광법이 철저한 편으로 도시 간 이동 시 반드시 관광용으로 등록된 차량을 이용해야 하고 방문할 장소와 탑승자 정보를 미리 보내 허가증을 받아야 한다. 아부 심벨 또는 벌룬 투어 등 투어 신청 시 이를 등록하기 위해 여권 사본을 요구하는 경우가 있는데 절차에 필요한 것이니 안심하자.

이집트 여행 시기

지역마다 날씨 편차가 큰 편으로 여행할 지역 날씨에 따라 옷을 챙기는 것이 좋고, 필요 시 현지에서 쉽게 구입할 수 있다. 여행자가 많이 가는 카이로, 룩소르, 아스완(아부 심벨)을 기준으로 10~3월이 가장 여행하기 좋은 성수기이고 4, 5월과 9월도 괜찮은 날씨로 좀더 한가로운 여행을 즐길 수 있다.

월별 날씨 & 옷차림 & 성수기

	여행 시즌	여행 시기	옷차림
1월	성수기	여행하기 가장 좋은 시기로 쾌적한 여행을 즐길 수 있다.	한국의 가을과 비슷한 날씨로 일교차가 큰 편이다. 두툼한 긴팔 옷과 긴바지는 필수다.
2월			
3월	준성수기	여행하기 좋은 시기로 많이 덥지 않아서 여행하기 좋다.	춥지 않으면서 더위도 아주 심하지 않다. 지역에 따라 시원하다고 느끼는 곳도 있을 수 있으나 남부 지역은 조금 더울 수 있다
4월			
5월	비수기	무더위로 여행이 쉽지 않지만 요즘 한국 여름 더위보다는 나은 편이다. 단, 한낮에는 실내 활동을 하거나 휴식을 취하는 것이 좋다.	몇몇 고산 지역을 제외하면 햇볕 쨍쨍한 무더위로 낮에는 시원한 에어컨이 간절한 시기다. 그나마 다행인 것은 한국처럼 습도가 높지 않아 불쾌한 끈적거림은 심하지 않은 편이다.
6월			
7월			
8월			
9월	준성수기	여행하기 좋은 시기로 비가 올 때를 제외하면 덥지 않아서 여행하기 좋다.	아직 더운 시기는 맞지만 5~8월의 살인적인 날씨보다는 조금 낫다. 지역에 따라 시원하다고 느끼는 곳도 있을 수 있다.
10월			
11월	성수기	여행하기 가장 좋은 시기로 쾌적한 여행을 즐길 수 있다.	한국의 가을과 비슷한 날씨로 일교차가 큰 편이다. 두툼한 긴팔 옷과 긴바지는 필수다.
12월			

축제 시기

라마단 & 이드 알 피트르 Ramadan & Eid Al Fitr

이슬람교의 창시자인 무함마드가 천사 가브리엘에게 꾸란의 가르침을 받은 달인 이슬람력 9월을 신성한 달로 여겨 진행하는 축제다. 일출부터 일몰까지 음식은 물론 물도 마시지 않고 금욕하며, 소외된 사람들을 돌아보고 신앙을 굳게 다진다. 해가 지면 거리에 테이블을 길게 늘어놓고 가족 또는 이웃과 함께 음식을 나눈다. 낮에는 문을 닫은 식당이 많고 사람들이 예민해지지만, 라마단에만 맛볼 수 있는 음식과 야간에 열리는 야시장은 여행자에게도 독특한 경험이 될 것이다. 라마단이 끝나고 이슬람력 10월 첫째 날부터 사흘간 열리는 이드 알 피트르는 축제가 끝났다는 뜻으로 라마단을 무사히 마친 것에 감사하고 축하하는 축제다. 2026년은 2월 18일~3월 19일경, 2027년은 2월 8일~3월 10일경이다. 이드 알 피트르는 2026년 3월 20일경, 2027년 3월 11일경에 진행될 예정이나 정확한 날짜는 달의 크기에 따라 결정된다.

© wikipedia

이드 알 아드하 Eid al Adha

아브라함이 알라의 명으로 이스마엘을 제물로 바치려다가 알라가 내린 염소를 대신 바친 데서 유래한 축제다. 염소나 소, 낙타를 잡아서 고기의 1/3은 가족이 먹고, 1/3은 친척이나 이웃, 나머지 1/3은 가난한 사람과 나눈다. 라마단이 끝나고 두 달 뒤인 이슬람력 12월 10일에 열린다. 달의 움직임에 따라 날짜 변동 가능성이 있으나 2026년은 5월 27~29일, 2027년은 5월 17~19일에 열릴 예정이다.

아부 심벨 태양 축제 Abu Simbel Sun Festival

일 년에 단 이틀, 2월 21일과 10월 21일에는 새벽에 해가 뜨면 햇볕이 입구를 통해 지성소로 들어오도록 설계했는데, 이는 람세스 2세 생일과 파라오가 된 대관일이다. 더욱 놀라운 것은 지성소 안쪽까지 햇볕이 들지만 가장 왼쪽인 프타는 어둠과 죽음을 관장하는 신이기에 빛이 미치지 않도록 설계되었고, 나머지 석상에 각각 20분씩 차례로 빛이 비친다. 다만 신전을 옮기는 과정에서 설계 착오로 지금은 하루 늦은 2월 22일과 10월 22일에 해가 든다. 이날은 입장료가 2배이며, 사람이 많이 몰려서 내부에 들어가기는 어렵고 밖에 설치된 전광판을 통해 볼 수 있다.

여행 전 체크리스트

여권과 비자

여권은 해외 여행 시 가장 먼저 챙겨야 할 준비물이다. 사증 빈 페이지는 2쪽 이상, 유효 기간은 6개월 이상 남아 있어야 한다는 것을 잊지 말자. 이집트로 입국하려면 전자비자나 도착비자를 받아야 한다. 시나이 반도(샴 엘 셰이크, 다합 등) 내에서만 머물 경우는 15일간 무비자로 지낼 수 있다.

도착 비자

줄을 서는 단점이 있지만 전자비자를 신청하는 것보다는 훨씬 간편하여 가장 추천하는 방법이다. 비행기에서 내려서 이민국으로 나오다보면 은행이라고 적힌 창구를 볼 수 있는데, 이곳에 여권과 25달러를 내면 도착비자를 받을 수 있다.

전자 비자

인터넷 전자비자 홈페이지를 통해 신청할 수 있고, 발급까지 약 7일이 소요되니 기간 여유를 두고 신청하는 것이 좋다. 관광 비자는 1개월 단수($25)와 복수($60)만 발급이 가능하다. 전자비자 발급 시 비자 스티커는 붙이지 않는다. 신청이 완료되면 입국 시 직원이 바로 확인할 수 있지만 발급된 비자를 캡처하거나 프린트해서 소지하는 게 안전하다.

전자비자 홈페이지 www.visa2egypt.gov.eg/eVisa

비자 연장

카이로

카이로에서 비자 연장 시 비자청(General Administration of Passports, Immigration and Nationality)에서 받을 수 있는데, 금요일은 휴무다. 여권, 여권 사본 1장, 집 계약서 또는 주 이집트 대사관에서 발급받은 거주 증명서, 신청서, 사진 1매와 수수료 7,095파운드를 지불하면 6개월 비자를 받을 수 있다. 2주 이내에 환전소에서 $150 이상 환전한 영수증을 지참해야 한다. 번호표와 신청서를 받아 작성 후 제출하고, 수납 창구에서 비용을 지불한 후 창구로 돌아와 인지와 영수증을 제출하면 된다. 3층 발급 창구에서 여권과 비자를 수령할 수 있는데, 대개 신청 후 일주일 내로 발급이 가능하다.

다합

다합에 오래 머물 경우 비자 연장도 샴 엘 셰이크에서 진행할 수 있다. 비자가 만료되기 2주~한 달 전에 가야 하고 여권, 증명사진 1장, 여권 복사본 2장, 비자 스티커 복사본 1장, 파란색 볼펜이 필요하다. 2주 이내에 환전소에서 $150 이상 환전한 영수증을 지참해야 한다. 6,875파운드를 지불하면 2주~한 달 후에 6개월 비자를 받을 수 있다.

여행 준비물

여권과 항공권, 여행 경비만 준비해도 가능한 것이 여행이다. 한국 음식을 제외하면 이집트에서도 다 구입할 수 있으니 가볍게 준비해보자.

여권

언제 어디서나 반드시 챙겨야 하는 여권! 분실에 대비해 사본 한 장과 원본을 휴대폰으로 찍어두는 것이 좋다. 여권은 언제나 작은 가방에 소지해야 하고, 매 숙소 도착 시 제출해야 한다.

카드

레스토랑에서는 신용 카드를 사용할 수 없는 곳이 많지만 유적지는 신용카드로만 결제해야 하는곳도 있어서 현금과 신용카드를 모두 준비해야 한다. 외국에서 결제와 인출 가능한 카드인지 사전에 반드시 확인하자.

항공권

이름과 일정이 영문으로 적힌 내용을 캡처한 사진이나 종이로 프린트해 소지해야 한다. 공항에 들어갈 때 여권과 항공권을 제시해야 입장이 가능하다.

세면도구

호텔 가격대에 따라 샴푸와 비누, 수건의 제공 유무가 결정된다. 이집트에서도 쉽게 구입할 수 있으니 짐은 최대한 가볍게 챙기는 게 좋다.

여행자 보험

언제 무슨 일이 일어날지 모르는 외국을 여행할 때 여행자 보험은 필수다. 만 원 남짓한 금액으로 비상 시 보상 받을 수 있으니, 여러 보험사를 비교해본 후 반드시 가입하자.

멀티탭

이집트는 한국과 같은 콘센트를 사용해 멀티 플러그는 준비하지 않아도 된다. 그러나 호텔에 따라 충전할 수 있는 콘센트가 많지 않을 수 있으니, 카메라 등 충전해야 할 제품이 많다면 멀티탭을 준비하는 것이 좋다.

현금

한국에서 미리 미국 달러로 환전해야 하니 여행 예산을 계산한 후 여유있게 준비하자.

개인약

복용하는 약이 있다면 부치는 짐(위탁 수하물)에 넣으면 된다. 간혹 캐리어가 늦게 오는 경우가 있으니 매일 복용해야 하는 약이라면 소량을 기내로 챙겨가는 게 좋다.

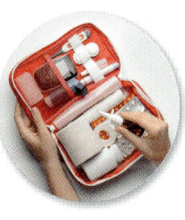

한국 식품

이집트 음식이 입에 잘 맞지 않거나 물갈이를 한다면 여행이 즐겁지 않다. 카이로를 제외하면 한국 음식점을 찾기 어려우니 누룽지, 라면, 비빔밥, 미역국 등 뜨거운 물을 이용해 먹을 수 있는 음식을 준비해오면 유용하다. 단, 돼지고기가 들어간 음식은 세관에 걸릴 수 있으니 챙기지 않는 것이 좋다.

준비하면 좋을 것들

- 파스
- 선글라스
- 선크림
- 팔토시
- 맥가이버칼
- 작은 물티슈, 비데 물티슈
- 사막 투어 시 핫팩

옷

여행 시기에 따라 계절이 다르니 '이집트 여행 시기' 부분을 참고하자. 관광 대국이기에 짧은 반바지나 민소매도 허용되는 분위기지만 이집트의 전통 의상인 갈라베야나 알라딘 바지를 구입해 입으면, 빨리 마르고 사진도 풍성해진다. 긴바지를 입어야 하는 사원에서는 대개 갈라베야를 유료 대여할 수 있다. 유적지를 돌아보며 걸을 일이 많으니 발이 편한 신발은 필수이고 숙소에서 사용할 슬리퍼도 챙겨오면 편리하다.

배낭 VS 캐리어  ·TIP·

캐리어

택시 트렁크에 들어가지 않는 경우가 있으니 되도록 이면 24인치(60.96cm) 이하로 준비하는 것이 좋다. 항공 이동 시, 캐리어를 던지는 경우가 많으니 깨지지 않는 재질이 좋다.

배낭

사용하는 모든 배낭 지퍼에 자물쇠를 채우는 것이 좋고, 복조리형으로 생겨서 잠글 수 없는 배낭은 추천하지 않는다. 바닥에 놓을 때나 버스 화물칸 바닥이 더러운 편이니 배낭 커버가 있으면 좋다.

작은 보조가방

메인 배낭을 숙소에 두고 구경할 때나 항공 이동 시 메인 배낭을 부치고 항공권과 여행 경비, 여권을 넣을 작은 가방은 필수다. 앞으로 메는 것으로 어깨에 크로스로 멜 수 있으면 좋다. 뒤로 메는 백팩은 소매치기 위험이 있다.

작은 지갑(동전 지갑)

지갑을 사용하지 않고 작은 가방에 그날 쓸 만큼만 넣고 다니는 것이 가장 좋다. 꼭 지갑이 필요하다면 돈을 꺼내다가 소매치기를 당할 수 있으니 최대한 작은 크기로 준비하자.

출입국 체크리스트

한국에서 출국하기

한국에서 이집트로 가는 직항이 없다. 카타르나 두바이, 튀르키예를 경유해 입국할 수 있고, 경유 시간을 포함 최소 14시간 이상 걸린다. 이집트 도착 시, 위탁 수하물이 오지 않는 경우가 빈번하게 발생하니 첫날 꼭 필요한 물건 또는 매일 복용해야 하는 약은 기내로 가져가는 게 좋다.

이집트 입국하기

공항 도착 시 비자를 받으면 별다른 질문 없이 입국할 수 있다. 입국 심사 시, 아래 양식과 같은 입국 신고서를 작성해 함께 제출해야 한다. 입국 심사를 마치면 바로 위탁 수하물 수취대로 연결된다. 공항 건물 밖으로 나오면 다시 들어갈 수 없다는 점을 유의하자.

입국 신고서 양식

비행기에서 내려서 이민국으로 가는 길에 놓인 양식을 작성해 입국 심사 시 제출해야 한다. 아랍어와 영어 양식이 있으니, 영어 양식을 골라 작성하자. 간혹 펜이 없는 경우도 있으니 미리 챙겨가는 것이 좋다.

출국 신고서 양식

출국 시 항공사 체크인 카운터나 2층 출국 심사대 앞에 있는 양식을 작성해야 한다. 펜이 없는 경우도 있으니 미리 챙겨가는 것이 좋다.

입국 신고서

출국 신고서

이집트 교통 정보

국내선 항공
룩소르, 아스완 등 주요 도시를 잇는 국내선을 잘 활용하면 짧은 기간에 체력적 부담 없이 다양한 지역을 여행할 수 있다. 국내선은 슬리핑 기차와 금액이 거의 동일하니, 일정을 정할 때 다양한 항공 검색 플랫폼을 이용해 검색해보자.

버스
지역 간 이동하는 미니버스가 있지만 손님이 있을 때마다 서기 때문에 시간 낭비가 심해 여행자는 대부분 고버스를 이용한다. 홈페이지가 있지만 온라인 예매가 쉽지 않은 편이라 현장에서도 구입하는 것이 좋다. 예매 창구 직원에게 날짜, 시간, 목적지, 인원 수를 말하면 되고 다른 지역에서 출발하는 버스 티켓도 구입할 수 있다.

탑승
비스표를 확인 후 정해진 좌석에 탑승한다. 휴게소에 정차할 때는 자리에 짐을 두고 내리지 않도록 주의한다. 비슷한 버스가 많아서 헷갈릴 수 있으니 번호판을 찍어두는 것이 좋다. 정차 시간을 확인 후 미리 차에 탑승해 있는 것이 좋고, 휴게소에 따라 화장실 사용료(약 5파운드)를 내야 하는 곳도 있다.

하차
목적지가 종점일 수도 있고 아닐 수도 있으니, 차장이 도시 이름을 말할 때 귀를 기울여 들어야 한다. 하차 후 버스에서 짐을 내리면, 짐표를 보여준 후 찾을 수 있다.

기차
외국인 탑승 금액이 오른 후 인터넷 예매 사이트는 이집트 전화번호가 없으면 로그인할 수 없도록 변경되어 사실상 사용하기 어렵다. 기차역에서는 예매할 수 있지만, 비싼 슬리핑 기차표를 강매하여 비행기와 가격이 비슷하기에 비효율적이다. 기차를 이용하고 싶다면 여행사나 호텔에 수수료를 내고 구입해야 하는데, 이보다 간편한 버스를 추천한다.

트램
알렉산드리아에서 탑승할 수 있다. 매표소에서 티켓을 구입할 수 있고, 거리에 관계없이 약 3파운드에 탑승할 수 있다. 탑승할 때는 따로 검사하지 않고, 검표원이 직접 돌아다니며 확인한다.

마이크로 버스
현지인이 주로 이용하는 시내 교통 수단으로 가까운 거리를 이동할 때 서렴하게 이용하기 좋다. 눈늘 열고 날리는 봉고차로 기사님께 가는 지역 이름을 말하면 탑승 여부를 알려준다. 자리에 앉은 후 거리에 따라 약 10파운드를 앞자리 손님에게 전달하면 잔돈이 돌아온다.

택시
미터로 운영하는 기사도 있으나 대개 흥정을 해야 하기 때문에 우버나 카림, 인드라이브 앱을 이용하는 게 좋다. 카이로를 제외하면 우버를 이용할 수 있는 곳이 많지 않으니 카림이나 인드라이브 앱도 함께 준비하는 게 좋다.

알아두면 좋은 정보

화폐와 현지 환전

화폐
이집트의 화폐는 이집트 파운드로 LE로 표기한다. 아랍어 숫자가 표기되어 있어서 비슷한 색의 돈을 내는 경우가 종종 있으니 주의하자. 찢어진 돈은 잘 받지 않으니 거스름돈을 받을 때 찢어진 부분이 있는지 확인하자. 1파운드 외에 동전은 거의 사용하지 않는다.

지폐
LE 1, LE 5, LE 10, LE 20, LE 50, LE 100, LE 200

동전
25 Pt, 50 Pt, 1 LE

환전
2016년 이집트 중앙은행이 변동환율제를 실시한 이래 환율이 급락하였다. 2025년 8월 기준 US$1=48.54LE로 환율 하락은 수입 물가 상승으로 이어져 전반적으로 물가가 많이 올랐다. 환전은 환전소나 호텔, 식당에서 가능하고 달러를 받는 곳도 많다.

ATM
공항 및 대도시 시내 어디에서나 쉽게 찾을 수 있고, 이집트 파운드가 출금된다. 가장 편리한 방법으로 고액을 소지하지 않아도 되어서 편리하지만, 출국 전에 외국에서 사용할 수 있는 현금카드인지 반드시 확인해야 한다. 언어는 아랍어, 영어 중 고를 수 있다. 소형 카메라를 설치해 카드 복제가 이루어지는 경우가 있으니, 비밀번호를 누를 때 반드시 가려야 한다.

신용카드
주로 큰 호텔이나 레스토랑에서 사용할 수 있다. 입장료를 지불할 때 카드로만 받는 곳도 있으니 단체 투어에 참가하지 않는다면 결제 가능한 카드를 꼭 소지해야 한다.

팁
이집트는 팁 문화가 있다. 10파운드를 팁으로 주는 경우는 없고, 그 금액은 그 사람을 모욕하는 것과 같으니 차라리 안 주는 게 낫다. 호텔 벨보이의 도움을 받은 후에는 최소 약 20파운드, 일일 투어 시 기사는 약 50파운드, 가이드는 100~200파운드의 팁을 주는 것이 좋다.

스마트폰 이용하기

유심카드
가장 많이 볼 수 있는 통신사는 보다폰, 오렌지 통신사다. 공항이나 대리점에서 쉽게 만들 수 있고, 개통 시 여권이 필요하다. 한국 심카드 로밍도 가능하지만 속도가 매우 느린 편으로 현지 심카드를 이용하는 것이 여러모로 효율적이다. 시와 등 지역에 따라 로밍과 현지 심카드 모두 작동하지 않는 지역도 있다.

와이파이
이집트는 와이파이 사용이 어려운 곳은 아니다. 숙소와 레스토랑에서 무료 와이파이를 제공하는 경우가 많고, 공항에서도 무료 와이파이 사용이 가능한 곳도 있다.

유용한 앱

스카이스캐너 Skyscanner
다양한 항공편을 한눈에 볼 수 있는 검색 사이트로 가장 저렴한 가격과 짧은 경유 시간을 확인할 수 있어 편리하다. 국제선은 물론 이집트 국내선도 예약할 수 있다.

부킹닷컴, 아고다 Booking.com, Agoda
공실 확인 및 대략의 가격대를 확인할 때 유용한 호텔 검색 플랫폼으로 예약은 호텔에 직접 하는 것이 저렴한 경우가 많다.

택시 Uber, Careem, InDrive
택시 탈 일이 많은 이집트 여행에서는 필수로 다운받아야 하는 택시 앱으로 사용법은 카카오 택시와 동일하다. 카드를 미리 등록해두면 잔돈 걱정 없이 이용하기 좋다.

날씨
이집트는 도시별 날씨의 차가 큰 편으로 이동하기 전에 날씨를 미리 확인하는 것이 좋다.

환율 계산기
헷갈리면 큰 손해로 이어질 수 있으니 익숙해지기 전까지 환율 계산기를 이용하는 것이 좋다.

구글 번역
긴 문장보다는 짧은 단어로 의사 전달하기에 유용하다. 한국어 → 아랍어보다 영어 → 아랍어가 정확한 편이다.

구글 지도
아주 작은 골목까지 나오진 않지만 꽤 유용하다. 인터넷이 터지지 않는 곳을 대비해 오프라인 구글 지도를 미리 받아두는 게 좋다.

와츠앱 Whatsapp
카카오톡처럼 사용할 수 있는 문자 서비스로 이집트에서 널리 사용되는 편이다. 숙소, 여행사와 연락할 때 유용하다.

배달 Talabat
음식이나 마트 배달앱으로 지역에 따라 이용하지 못하는 경우도 있다. 가고 싶은 식당의 메뉴를 참고할 때도 유용하다.

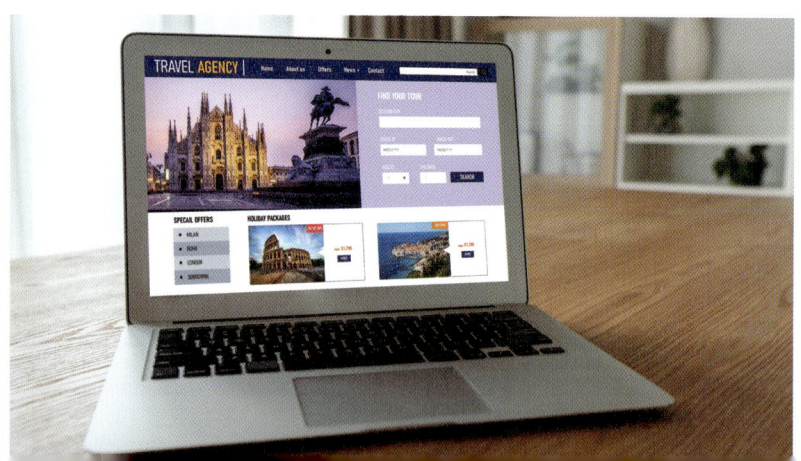

여행 트러블 대처하기

여행이 항상 즐겁지 않다는 것은 누구나 알지만 사건·사고는 특히 달갑지 않다. 호시탐탐 여행자를 노리는 검은 눈과 손이 있다는 점을 염두에 두고 밤에 외출하지 않기, 으슥한 곳에 가지 않기 등 기본적인 사항을 숙지하면 더욱 즐거운 여행이 될 것이다.

호객 행위 & 바가지

여행자가 몰리는 곳이라면 어디에서나 호객 행위를 피할 수는 없다. 특히 기자 피라미드의 낙타와 거리에 다니는 마차는 원하는 금액을 낼 때까지 안 내려주는 경우도 있으니 금액을 정확히 흥정하고 탑승하는 게 좋다. 이집트에는 흥정 문화가 있어 상술 좋은 상인을 만나면 시세보다 몇 배 더 비싸게 쇼핑할 수도 있다. 같은 물건을 파는 상점이 몰려 있으니 여러 곳을 둘러보며 시간을 두고 흥정해보자.

소매치기

핸드폰을 손에 들고 다니거나 뒤로 메는 가방을 착용하는 것은 '마음껏 가져가세요' 라는 무언의 신호다. 앞으로 멘 가방도 지퍼를 꼭 잠그고 돈이나 지갑을 꺼낼 때는 주의해야 한다.

택시 & 우버 사기

미터기를 사용하는 것이 원칙이지만 미터기 사용을 거부하는 택시 기사도 많아 흥정하고 타야 할 때도 있다. 우버를 통해 예약해도 수수료를 핑계로 예약을 취소하게 만든 후, 비싼 금액을 청구하는 경우가 있으니 취소를 요구해도 응하지 말자. 트렁크에 짐이 있다면 짐을 모두 내린 후 택시비를 지불하는 것이 좋다.

캣콜링

"예뻐요", "모델 같아요" 여성 여행자라면 누구나 듣게 될 캣콜링 단골 멘트다. 어설프게 대답하거나 무서워하면 더 심하게 군다. 신체적 접촉을 시도하는 상황은 많지 않으니 무시하자. 계속해서 따라오거나 정도가 심하면, 사람이 많은 가게로 들어가 도움을 요청하면 적극적으로 도와준다.

인종 차별

길을 걷다보면 '칭챙총(동양인 외모 비하 발언)', '차이나' 소리를 듣게 된다. 기분 나쁠 수 있지만 낯선 동양인에게 관심을 보이는 것이니 무시하는 게 상책이다. 간혹 호텔에서 예약한 방보다 낮은 카테고리 방을 배정하거나 레스토랑에서 좋지 않은 좌석으로 안내하면 이는 명백히 인종 차별이니 강력히 항의하자.

마약 권유

소도시 좁은 골목을 걷다보면 '하시쉬'라고 속삭이는 호객꾼이 접근해온다. 한국은 속인주의가 적용되어 국내법으로 강력히 처벌받으니 한 번의 호기심으로 돌이킬 수 없는 후회는 하지 않도록 하자.

지역 가이드

카이로

올드 카이로
타흐리르 광장 지구
이슬람 지구
모까땀 언덕
콥트기독교 지구

멤피스 네크로폴리스
기자 네크로폴리스
사카라
멤피스
다슈르
• 근교 Tour 파이윰
• 근교 Tour 바하리야 사막

시와

룩소르
동안 지구
서안 지구
• 근교 Tour 에드푸
• 근교 Tour 콤 옴보

아스완
• 근교 Tour 아부 심벨 신전

알렉산드리아

지 중 해

 알렉산드리아

유럽과 아라비아, 인도 동부 사이의 무역 중심이 되었고 헬레니즘 문화가 꽃피며 세계에서 가장 번성한 도시 중 하나가 되었다.

알렉산드리

● 시와   ● 바하리야

 시와

소금으로도 유명한 지역이라 소금 조명등 관련 기념품도 많다. 알렉산더 대왕과 클레오파트라 여왕의 전설이 깃든 곳이기도 하다.

이 집 트

 아스완

종교적 성지로 유명했던 필레 신전과 수많은 오벨리스크와 피라미드를 지은 석제의 채석장이 있는 곳이기도 하다.

카이로
Cairo القاهرة

이집트의 수도이자 아프리카 최대 도시

이집트의 수도이자 1000만 명이 살고 있는 아프리카 최대 도시다. 10세기경 이집트를 점령한 아랍 사람들이 방어에 취약한 알렉산드리아를 버리고 내륙으로 내려와 세운 도시다. 도심을 관통하는 나일강을 중심으로 동쪽은 올드 카이로, 서쪽은 기자, 멤피스 네크로폴리스(왕실 공동묘지)로 나눌 수 있다. 이슬람 정복 시대에 건설된 올드 카이로에는 이슬람 건축물이 많고, 멤피스 네크로폴리스에는 대피라미드를 비롯해 다양한 건축 양식의 피라미드를 볼 수 있다.

카이로 BEST 3

1. 다양한 피라미드 관람하기
2. 도시 전체를 조망할 수 있는 카이로 성채 방문하기
3. 콥틱 지구의 다양한 교회 방문하기

· 카이로 드나들기 ·

카이로 국제공항 Cairo International Airport (CAI)

도심에서 약 15km 떨어진 곳에 위치한 카이로 공항 터미널은 총 3개로 제2터미널과 제3터미널은 바로 옆에 붙어 있고 제1터미널은 차를 타고 이동해야 한다. 항공권에 터미널이 표기되어 있지 않은 경우가 많으니 구글 검색(항공사 이름 + 카이로 터미널)을 통해 미리 확인해두는 것이 좋다. 입국 시 비자부터 위탁 수하물 나올 때까지 오래 걸리고 출국 시 보안 검색과 체크인 수속도 오래 걸리니 시간 여유를 두는 게 좋다.

전화 +20 222 655 000
홈페이지 www.cairo-airport.com

공항에서 시내로 이동하기

공항에서 시내로 이동할 때 가장 편리한 교통 수단은 우버 택시. 보통 택시는 흥정해야 하고 도착 시 추가 요금을 부르는 경우가 많으니 공항 건물 안에서 우버를 부르거나 숙소나 여행사 픽업 서비스를 이용하는 게 가장 좋다. 와이파이가 안 될 때도 있으니 유심카드를 구입하지 않을 예정이라면 픽업 서비스를 이용하는 것을 추천한다. 보안상의 문제로 한 번 밖으로 나가면 공항 안으로 들어갈 수 없다는 것을 기억하자.

우버 택시

공항에서 나온 후 정면에 보이는 주차장으로 내려가면 우버 탑승장이 나온다. 택시 호객 행위를 따돌리기 위해서는 건물 밖으로 나오기 전에 미리 차를 부르고 나오는 것이 좋고, 현금 결제보다는 카드 결제가 나으니 미리 등록해두면 편리하다. 현금 결제 시 추가 요금을 요구하거나 길을 돌아가는 경우가 왕왕 발생하니, 오프라인 지도를 통해 확인하는 것이 좋다. 해당 우버 택시가 아닌데 접근하는 경우도 있으니, 아랍어 숫자(214p)를 보며 택시 번호를 반드시 확인하자.

공항 떠나기 전 해야 할 일

비자

비행기에서 내려서 이민국으로 나오다보면 은행이라고 적힌 창구를 볼 수 있는데 이곳에 여권과 $25를 내면 도착비자를 받을 수 있다. 환전과 비자 발급을 함께 하고 싶다면 빨간 간판의 'Banque Misr'에서는 비자를 발급받으며 환전도 할 수 있다.

환전 및 유심카드

공항 밖으로 나가기 전에 환전과 유심카드를 구입할 수 있다. 카이로 시내에서 환전하는 것보다 환율이 좋지 않으니, 필요 시 소액만 환전하는 것을 추천한다. 오렌지Orange와 보다폰Vodafone 통신사가 입점해 있는데, 가격은 오렌지가 조금 더 저렴한 편이다.

시외 교통

카이로는 다른 여행지로 이동하기 가장 좋은 도시로 교통 수단에 있어서도 선택의 폭이 넓은 편이다. 단거리는 버스, 장거리는 기차가 편하지만 항공료가 기차 가격과 비슷할 때도 많으니 여러 선택지를 고려해보자.

버스

버스터미널에서 예약할 수 있다. 가까운 알렉산드리아부터 룩소르, 아스완, 다합 등 여행지 대부분 버스로 이동할 수 있다. 직접 예약하기 어렵다면 여행사나 숙소의 대행 서비스를 이용해보자.

고버스 Gobus

고버스 매표소에서 예매할 수 있다. 다양한 노선을 운행하여 여행자가 찾는 도시는 거의 다 이용할 수 있다. 가격별로 버스 등급이 나뉘어져 있으니 참고하자. 버스는 매표소 건물 길 건너편에서 탑승한다.

홈페이지 go-bus.com/en

기차

현재 기차 예약 사이트는 이용할 수 없다. 기차역에서도 예약할 수 있지만 비싼 슬리핑 기차를 강매하거나 외국인 추가 금액을 비싸게 부르는 편이고, 같은 가격이면 항공편을 이동하는 것이 낫기에 추천하지 않는다. 슬리핑 외 기차 티켓은 여행사나 호텔에서 수수료를 내고 예약할 수 있다.
카이로 기차역에 가면 매표소가 많이 있지만, 정작 티켓을 구입할 수 있는 곳은 2층으로 올라가야 한다. 오른쪽 'VIP'라고 적힌 화살표를 따라가면 번호표 뽑는 곳과 티켓 사는 곳이 나온다. 카이로 출발뿐만 아니라 다른 구간도 구입할 수 있으나, 앞서 말했듯이 외국인 추가 금액이 붙으면 가격이 많이 올라가서 추천하지 않는다.

시내 교통

메트로

카이로 시내를 가장 저렴하게 이동할 수 있는 교통 수단으로 1987년 1호선부터 2022년에 개통한 3호선까지 3개 노선이 운행 중이다. 'Ladies'라고 적힌 여성 전용 칸이 따로 있는데, 여성은 어느 칸에 타도 상관없지만 되도록 구분해서 타는 것이 좋다. 구글 지도를 이용해 원하는 장소를 검색하면 가까운 노선과 환승 정보를 쉽게 알 수 있다. 정류장 수에 따라 금액이 다르게 책정되어 있는데, 1~9개 정거장은 5파운드, 10~16개 정거장은 7파운드, 16개 이상 정거장은 10파운드다. 교통 카드는 25파운드로 10파운드부터 충전할 수 있다. 현재 4~6호선 확장 공사 중이다. 우리나라 현대 로템에서 열차를 납품하고 한국과 같은 시스템이라 이용 시 어려운 점은 없다.

운행 시간 05:00~00:00 / 라마단 05:00~02:00(역마다 차이 있음)
홈페이지 cairometro.gov.eg

마이크로 버스

택시 외에도 카이로 시내 곳곳을 연결하는 봉고차, 마이크로 버스가 있다. 노선을 알 수 없기에 여행자가 이용하는 것은 쉽지 않지만 짧은 거리라면 저렴하게 이동할 수 있으니 도전해보자. 기사님께 목적지를 말하면 탑승 여부를 알려준다.

우버 택시

여행자들이 가장 많이 이용하는 시내 교통 수단으로 예약한 우버 택시가 맞는지 번호판을 반드시 확인하자. 간혹 예약을 취소하고 같은 금액을 달라고 요구하는 기사가 있는데, 목적지에 도착하면 훨씬 더 많은 요금을 요구할 수 있으니 절대 응하지 말자.

렌트카

카이로 외곽에 있는 멤피스, 사카라를 방문할 때 주로 이용하는 편으로 반드시 관광용으로 등록된 차량을 빌려야 한다. 대개 6시간 또는 하루 단위로 흥정하는 편이고 기사님도 함께 가야 한다. 다슈르 피라미드는 15시 30분 이후에 입장이 불가하니 오전에 방문하는 것이 좋다.

카이로 패스 & 룩소르 패스

기자와 사카라 피라미드를 비롯해 다양한 카이로 유적지를 입장할 수 있는 티켓으로, 카이로 패스와 룩소르 패스 구입 시 다른 하나는 50% 할인된 가격에 구입할 수 있다. 유효 기간은 5일이고, 룩소르 패스 구입 시는 실물 카이로 패스가 필요하다. 룩소르 프리미엄 패스를 구입할 예정이라면 카이로 패스를 먼저 구입하는 게 가격 면에서 이득이다. 많은 곳을 방문하거나 룩소르 패스를 구입할 예정이면 가격을 비교해 보자.

카이로 패스 & 룩소르 패스 발급 시 준비물
증명사진 1매
여권 사본 1부
현금 130달러(또는 120유로)

룩소르 패스 프리미엄
(네페르타리, 세티 1세 무덤 포함)
성인 250달러(또는 220유로)
학생 130달러(또는 120유로)

카이로 패스 구입처
기자 피라미드 입구 매표소
이집트 박물관(타흐리르 광장)

Cairo

카이로
추천 코스

• COURSE 1 •

이슬람 지구

이집트 박물관

 우버 5분

↓

압딘 궁전

 우버 7분

↓

알 리파이 사원

 우버 6분

↓

카이로 시타델

 우버 10분

↓

주웨일라 문

↓ 알 무이즈 거리를 따라서 도보 20분

칸 엘 칼릴리 시장

• COURSE 2 •

콥틱 지구 & 모까땀 지역

아기 예수 피난 교회

⬇ 도보 2분

공중 교회

⬇ 우버 7분

국립 문명 박물관

⬇ 우버 20분

카이로 동굴 교회

• COURSE 3 •

피라미드

사카라

⬇ 택시 20분

멤피스 박물관

⬇ 택시 1시간

기자 피라미드

카이로 지도

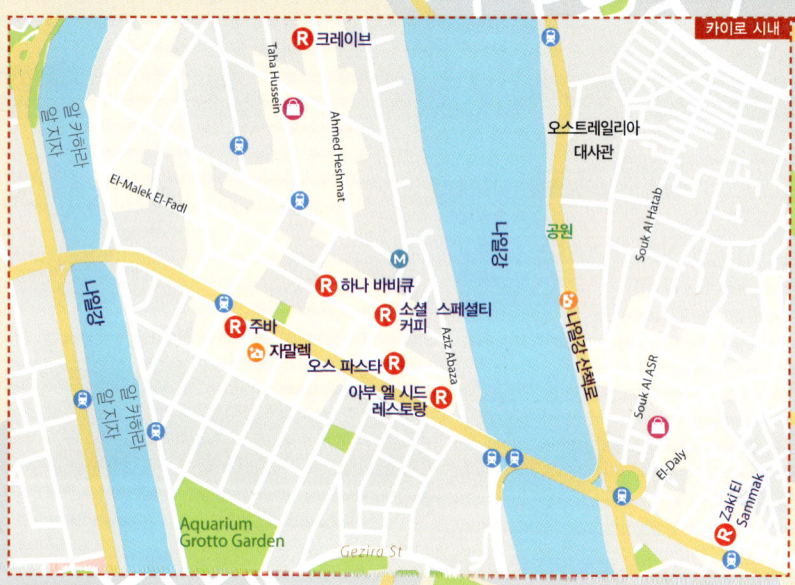

올드 카이로
Old Cairo

939년 파티마 왕조가 이집트를 점령하며 세운, 성곽을 중심으로 이루어진 지역으로 카이로의 시초라 할 수 있다. 이전까지는 알렉산드리아가 최대 도시였으나 아랍 사람들은 방어하기 어려운 그곳을 떠나 지금의 올드 카이로에 터를 잡았다. 1979년 유네스코 복합유산으로 지정되었다. 세계에서 가장 오래된 이슬람 도시로 유적 대부분이 나일강 동쪽 지역에 몰려 있고, 기자 피라미드는 서쪽에 위치한다. 대부분 오전 8시부터 오후 4시까지 운영한다. 날씨가 더우면 둘러보기 힘드니 아침 일찍 움직이는 게 좋다.

타흐리르 광장 지구
Tahrir Square District

이집트 박물관 🏛 ⭐
Egyptian Museum

1858년에 건립한 곳으로 상상을 초월하는 고대 이집트 유물이 전시된 곳으로 울타리 없이 만질 수 있는 유물은 대부분 모조품이다. 총 2층 건물로 1층은 구왕국실, 중왕국실, 신왕국실로 나뉘어져 있고, 주로 관과 조각상이 전시되어 있다. 2층은 투탕카멘 발굴 유물과 미라가 있는데 새로 문을 연 대이집트 박물관으로 유물을 옮기는 중이라 유물 위치가 계속 변경되고 어수선한 느낌을 지울 수 없다.

주소 Midan Tahrir **전화** +20 227354532 **오픈** 09:00~17:00 **요금** 성인 550파운드, 학생 275파운드, 6세 미만 무료 **옵션** 카메라(개인용, 플래시 제외) 50파운드, 동영상(개인용, 플래시 제외) 300파운드, 오디오 투어 50파운드 **홈페이지** egymonuments.gov.eg/en/museums/egyptian-museum

박물관 기념품

이집트 박물관 내부 가이드

1층

이집트 역사 순서대로 구왕국실, 중왕국실, 신왕국실로 나뉘어져 있다. 입장하자마자 오른쪽에 이집트 옛 지도를 볼 수 있고, 지도 앞에 있는 것은 로제타석이다. 조금 더 들어가면 나르메르 팔레트를 시작으로 블랙 피라미드 2개, 람세스 화강암 입상, 조세르 상, 파라오 멘카우라를 볼 수 있다. 구왕국실에는 파라오 케프레를 시작으로 카 에페르, 스네페르, 라호텝 왕자와 코푸스 왕, 앉아 있는 필경사가 있다. 중왕국실에서 나오면 핫셉수트 여왕의 머리상이 있다. 바로 옆의 신왕국실 입구로 투트모세 3세 상을 볼 수 있다.

핫셉수트

라호텝 왕자와 아내

룩소르 서안에 있는 핫셉수트 장제전으로 익숙한 투트모세 1세의 딸이자 투트모세 2세의 부인이다. 남편 사망 당시 다른 부인의 아들인 투트모세 3세가 너무 어렸기 때문에 핫셉수트 스스로 파라오가 되어 20년 넘게 통치하였고 활발한 무역으로 나라를 부강하게 만들었다. 고대에 가장 칭송받는 여성이기도 하다.

하토르 여신

룩소르 서안 하토르 사원에서 가져온 것으로 실물 크기의 암소 모양으로 묘사되었다. 턱 밑에 있는 조각상은 투트모세 3세의 아들인 아멘호테프 2세다. 하토르 여신은 암소로 묘사하거나 머리에 태양을 얹은 여성으로 표현하기도 했다.

아멘호테프 3세와 부인 티예 석상

룩소르 서안 메디네트 하부에서 발견된 것으로 두 사람을 함께 조각한 것 중 가장 크다. 가운에 조각된 여인은 두 사람의 딸이다. 고대 이집트에서는 사람의 중요도에 따라 조각 크기를 다르게 했는데, 아멘호테프와 티예는 동일한 크기로 조각되어 있다. 이는 첫째 부인의 위상이 파라오에 근접함을 나타낸다.

멘투호테프 2세

정치적 혼란으로 분열된 이집트를 통일한 인물로 수도를 테베(룩소르)로 정했다. 핫셉수트 옆에 있었으나 멘투호테프 2세의 장제전으로 옮겨졌다.

멘투호테프 2세

라호텝 왕자와 아내

메이둠에서 발굴한 조각상으로 파라오 스네프루의 아들 내외다.

파라오 케프레

기자 네크로폴리스에서 발굴된 것으로 머리 뒤에 날개를 편 매 형상의 호루스 신이 케프레를 지켜주고 있다. 녹색의 섬록암으로 조각했는데 압도적인 분위기를 자아낸다. 두 번째 피라미드를 만든 사람이다.

파라오 케프레

아멘호테프 3세와 부인 티예 석상

앉아 있는 필경사

200파운드 지폐에 등장하는 필경사로 사카라 마스타브에서 발굴되었다. 200파운드 지폐를 반으로 접어 인증샷을 찍는 조각으로도 유명하다.

카 에페르

사카라 피라미드 근처 마스타바에서 발굴한 나무 입상으로 크리스털에 작은 구리판을 덧대어 만든 눈이 빛나서 살아 있는 사람처럼 보인다. 대부분 돌인데, 나무로 만든 것이 특징이다.

앉아 있는 필경사

나르메르 팔레트

1898년 에드푸 북쪽 히에라콘폴리스에서 발견되었다. 이집트 왕관을 쓴 나르메르가 하이집트 왕으로 추정되는 인물을 굴복시키는 모습이 조각되었고, 뒤에는 하이집트 왕관을 쓰고 행진하는 모습이 있다. 동일한 유적이 2개 전시되어 있는데 유리관 안에 들어 있는 것이 원본이다.

파라오 멘카우레

기자 네크로폴리스에서 발굴한 유적으로 파라오 멘카우레를 중심으로 왼쪽은 하토르 여신, 오른쪽은 한 지역을 의인화해서 여신으로 표현했다.

나르메르 팔레트

파라오 조세르

사카라 계단 피라미드에서 발굴한 것으로 실물 크기의 조각상으로 알려져 있다.

파라오 조세르

핫셉수트

로제타석

2층

1층에서 2층 올라가자마자 투탕카멘 왕 무덤을 처음 발굴했을 때 찍은 사진을 볼 수 있다. 투탕카멘 실을 보고 쭉 걸어가다가 오른쪽에 유야와 수야 미라가 있다. 미라와 침대, 마스크를 볼 수 있고 왼쪽에는 미라실이 있다. 이곳을 지나가면 화장실이 나온다. 2층에 있던 유물 중 다수를 새로 만든 박물관으로 이전해, 현재는 황금 마스크를 볼 수 있는 투탕카멘 실과 미라만 남아 있다.

10월 6일 다리
6th October Bridge

나일강 서쪽과 동쪽을 잇는 다리 중 하나로 10월 6일은 이집트 역사에서 중요한 날이다. 1973년 10월 6일 4차 중동전에 승리하며 3차 중동전 때 이스라엘에 빼앗긴 시나이 반도를 되찾았기 때문이다. 이에 사다트 대통령은 이날을 우리나라 국군의 날과 같은 이집트 국군의 날Egypt's Armed Forces Day로 지정해 이를 기념하고, 위성 도시를 만들어 '10월 6일 시City'로 명명하기도 했다.

주소 6th October bridge, Cairo **오픈** 24시간 **요금** 무료

나일강 산책로
Mamsha ahl Misr (Masr)

2022년, 서울의 한강 공원처럼 나일강을 따라 산책할 수 있도록 만든 공간으로 레스토랑, 카페, 상점이 입점해 있다. 간혹 버스킹이나 행위 예술을 하는 사람들도 볼 수 있다. 아직 산책로의 일부분만 공개되었으나 완공 시 약 54km에 이르는 산책로가 만들어질 예정이다. 쾌적한 환경에서 나일강을 즐기고 싶다면 방문해볼 만하다.

주소 Nile Corniche, Boulaq Num.5, Bulaq **전화** +20 1203733333 **오픈** 09:00~02:00 **요금** 20파운드

자말렉
Zamalek

게지라(섬)라고 불리기도 하는 이곳은 여의도처럼 나일강 위에 있는 섬으로 올드 카이로에서 가장 화려한 곳이다. 10월 6일 다리를 비롯해 여러 개의 다리로 육지와 연결되어 있는데, 힙한 맛집이나 바, 숙소가 많아서 이집트의 다른 면을 볼 수 있다. 골프장과 공원을 비롯해 여러 국가의 대사관과 다국적 기업 사무실이 밀집되어 있다. 날씨가 선선한 해질 무렵 나일강변에 떠다니는 배를 타는 것도 추천할 만하다. 출퇴근 시간에는 교통 체증이 매우 심하다.

주소 Zamalek **오픈** 24시간 **요금** 무료

카이로 타워
Cairo Tower

1961년 상이집트 상징인 연꽃을 모티브로 800만 개의 마름모꼴 모자이크를 이어 세운 곳으로 자말렉 내에 위치한다. 187m 높이로 카이로에서 가장 높으며 전망대와 회전식 레스토랑이 운영된다. 전망대에 오르면 카이로 시내를 한눈에 볼 수 있고, 날씨가 좋으면 기자 피라미드도 보인다. 낮에는 스모그가 있어서 제대로 관람하기 어렵고 야경이 더 아름다운 편이니 저녁에 가는 것을 추천한다. 엘리베이터가 한 대뿐이라 대기 시간이 있을 수 있다.

주소 El Zohriya Garden St. **전화** +20 227374208 **오픈** 09:00~01:00 **요금** 350파운드

타흐리르 광장
Tahrir Square

카이로의 중심지로 20세기 초부터 정치적 시위를 위한 장소로 사용되었다. 2011년 이집트 혁명과 대통령 사임이 일어난 장소이기도 하다. 원래 이름은 19세기 통치자인 케디브 이스마일의 이름을 따서 이스마일리아 광장으로 불렸으나 1952년 이집트 혁명 이후 공식 명칭이 변경되었다. 광장 중앙에는 오벨리스크와 스핑크스가 있는데 이는 람세스 2세가 만든 오벨리스크이고, 4개의 숫양 머리를 한 스핑크스는 카르낙 신전에서 가져온 것이다.

주소 El-Tahrir Square, Qasr Ad Dobarah **오픈** 24시간 **요금** 무료

Islamic District
이슬람 지구

이슬람 미술관
Islamic Art Museum

1892년에 문을 열었다. 알 하킴 사원에서 시작된 7~19세기에 이르는 작품 8만여 점이 전시된 이집트 대표 미술관이다. 1903년에 지금의 위치로 이전했고, 이집트뿐만 아니라 튀르키예, 이란 등 정교하게 조각된 아름다운 이슬람 문화권 미술품들이 전시되어 있다. 에어컨이 있어서 쾌적하게 관람할 수 있다.

주소 Port Said, Ghayt Al Adah **전화** +20 223901520 **오픈** 토~목 09:00~17:00, 금 09:00~11:30, 13:30~17:00 **요금** 성인 340파운드, 학생 170파운드 **홈페이지** www.miaegypt.org

압딘 궁전 박물관
Abdeen Palace Museum

1874년 완공된 이집트에서 가장 아름답고 화려한 궁전이다. 원래 오스만 제국의 귀족 압딘 베이의 소유지로 약 99,173㎡에 달하는 부지에 500개의 방이 있다. 프랑스 건축가인 루소가 건축한 곳으로 1952년 이후 대통령 공관으로 사용하다가 지금은 박물관으로 운영된다. 무기 박물관, 대통령 박물관, 은 박물관 등이 있는데 가장 인기가 많은 곳은 대통령 박물관이다. 여기에서는 외국 사신으로부터 받은 선물들을 볼 수 있다. 금과 은으로 만든 사우디아라비아 메카 모형, 금과 은으로 만든 꾸란, 우리나라에서 선물한 경주 금관총의 금관, 북한에서 선물한 자개 병풍 등이 있다.

주소 El-Gomhoreya Square **전화** +20 223 916909 **오픈** 토~목 09:00~15:00(금 휴무) **요금** 성인 100파운드, 학생 50파운드 **옵션** 카메라 10파운드

알 리파이 사원 ⭐
Al Rifa'i Mosque

올드 카이로의 대표적인 사원이자 세계문화유산으로 술탄 하산 사원과 입구가 같아서 입장권을 하나만 구입해도 두 곳 모두 둘러볼 수 있다. 알 리파이 사원은 카이로 근대화의 아버지이자 수에즈 운하 건설을 독려한 케디브 이스마일과 그 가족들과 수피교의 창시자인 셰이크 알리 알 리파이가 묻혀 있다. 건축 작업은 19세기에 시작되었으나 1912년에 완공되었다. 10파운드 지폐 앞면에 있는 곳이다. 사원 뒤로 가면, 길 건너편에 200파운드 지폐 앞면에 있는 쾨니 베이 사원도 볼 수 있다.

주소 El-Refaey, El-Darb El-Ahmar **오픈** 09:00~17:00 **요금** 성인 220파운드, 학생 110파운드

술탄 하산 사원
Mosque-Madrasa of Sultan Hassan

맘루크 건축물 중 최고로 손꼽히는 이곳은 1356~1363년 술탄 하산에 의해 건설되었다. 이슬람 사원이자 이슬람교 고등교육 시설인 므드라싸로 이용되었다. 기자 피라미드에서 공수한 석회암으로 지어졌고, 안뜰에는 기도 전에 우두wudu를 하기 위해 몸을 씻는 정결소가 있다. 이곳의 미나렛(첨탑)은 높이 90m로 이집트에서 가장 높다.

주소 El Khalifa **오픈** 09:00~16:00 **요금** 성인 220파운드, 학생 110파운드

주웨일라 문
Bab Zuwayla

파티마 왕조는 969년에 카이로를 수도로 정하고, 1087년에 카이로 외곽에 성벽을 쌓았다. 1092년에 세워진 주웨일라 문은 성벽의 남문으로 남쪽으로 향하는 대로와 연결되어 있다. 중세에 아라비아 반도로 향하는 순례자들의 기점이었으며, 근대에 이르기까지 범죄자나 적장의 목을 매다는 장소이기도 했으나 1811년 이후로 공개적인 참수형과 효수는 금지되었다. 성문 바로 안쪽에 1415년에 무아야드al-Mu'ayyad 사원이 있는데 쌍둥이 미나렛(첨탑)이 세워져 있다. 미나렛은 하루 다섯 번 행하는 기도 시간에 꾸란을 낭송하는 곳으로 여행자에게 개방하는 곳이 많지 않은데, 이곳은 입장권을 구입하면 올라갈 수 있다. 파티마 왕조 시대와 맘루크 왕조 시대에는 주로 군사적 목적으로 사용되었으며, 현재는 이슬람 지구를 한눈에 내려다볼 수 있는 전망대 역할을 하고 있다. 성문과 첨탑은 2001년에 보수되었다. 미나렛과 2층의 아치로 올라가는 계단이 가파른 편이니 조심해야 한다.

주소 El-Darb El-Ahmar **오픈** 09:00~17:00 **요금** 성인 100파운드, 학생 50파운드

알 무이즈 거리
Al Mu'izz Street

주웨일라 문에서 북문인 푸투흐 문까지는 약 2.5km에 해당하는 거리로 카이로에서 가장 오래된 곳 중 하나다. 이 거리를 처음 만든 칼리프 알 무이즈의 이름을 붙였고, 1997년에 역사 건축물과 도로, 하수구 등을 보수하고 조명을 설치해서 세계에서 가장 큰 이슬람 야외 박물관으로 만들었다. 1979년 유네스코 세계문화유산에 등재된 이곳은 10~19세기 사이에 건축한 사원과 유대인 회당을 비롯해 약 29개의 유적지가 있고, 세월이 묻어나는 상점과 카페도 즐길 수 있다. 거리 자체는 무료이나 이곳에 있는 칼라운 사원 등 유적지를 보려면 입장권을 사야 한다.

주소 Al Mu'izz St. **오픈** 09:00~17:00 **요금** 성인 220파운드, 학생 110파운드

푸투흐 문
Bab al Futuh

카이로 이슬람 지구 알 무이즈 거리 북쪽 끝에 위치한 중세 성문으로 십자군 전쟁 이전에 세워진 이슬람 세계에서 보기 드문 군사 건축물이다. 969년 처음 세워졌으나 지금의 형태로 재건된 것은 1087년이다. 2개의 탑은 앞면은 둥글고 바닥에는 침입자 발생 시 끓는 기름을 부을 수 있도록 설계되어 있다. 푸투흐는 '연다'는 뜻을 가지고 있는데 이는 전쟁 시 다른 나라의 문을 연다는 의미로 붙여졌기 때문에 전쟁 시 항상 이 문을 통과해 전장으로 향했다. 높이 22m, 너비 23m로 아치 부분의 석조 장식이 화려한데, 이는 비잔틴 건축 양식의 전형적인 특징인 펜던트의 영향을 받은 것이다.

주소 Bab Al Foutoh **전화** +20 1285445553 **오픈** 24시간 **요금** 무료 **홈페이지** egymonuments.gov.eg/monuments/bab-al-futuh

알 아즈하르 사원
Al Azhar Mosque

972년 파티마 왕조가 건립한 사원으로 이 사원을 토대로 알 아즈하르 대학이 설립되었다. 모로코 페스의 알 카라위윈Al Qarawiyyin에 이어 세계에서 두 번째로 오래된 대학으로 수니파 이슬람 율법을 연구하는 세계 최고의 이슬람 기관으로 여겨져왔다. 이집트 혁명 이후 1961년에 국립화되었다. 1000년이 넘는 역사를 가졌으나 수니파와 시아파 사이의 갈등으로 이슬람 사원으로서의 지위를 박탈당하고 학교와 교사의 급료도 지급하지 못했지만 맘루크 왕국이 이를 바로 잡았다. 오늘날 수니파 이슬람 세계에서 매우 영향력 있는 기관이자 이집트 이슬람교에 있어서도 중요한 역할을 한다.

주소 El-Darb El-Ahmar **오픈** 08:00~16:00 **요금** 무료

수에즈 운하 Suez Canal

TIP

지중해와 홍해, 인도양을 잇는 해상 실크로드로 세계 최초이자 최대 규모의 운하다. 1869년에 완공되었다. 최초로 시도한 사람은 제26왕조 네코 2세로 기원전 609년에 배 2척이 지나갈 수 있는 너비로 나일강과 홍해를 연결하는 공사를 시도했다. 약 12만 명의 인명 피해를 내며 완공하기 얼마 전, 완공하면 적에게 유리하다는 신탁을 받고 포기했다. 이후 이집트를 정복한 페르시아 왕 다리우스 1세가 완공해 페르시아에서 운영하였고, 이를 기념하기 위해 비석을 남겼는데 현재 4개가 남아 있다. 이후 운하 공사는 여러 차례 실패를 반복했고, 나폴레옹 또한 운하 개설을 추진했으나 수심 차 때문에 포기했다. 1854년 이집트의 수장인 모하메드 사이드 파샤는 프랑스인 페르디낭 마리 드 레셉스에게 운하 개설 특허권과 지협 조차권을 양도했고, 1859년 4월에 시작해 1869년 11월 17일에 완공했다. 총 길이는 162.5km로 전 세계 해상 무역 판도를 획기적으로 단축시켰다. 이후 여러 차례 확장 공사가 있었고, 최종적으로 2015년 8월 6일 제2 수에즈 운하 개통식이 있었다.

칸 엘 칼릴리 시장 ⭐
Khan al Khalili Bazaar

이집트의 보물 상자로 불리는 이곳은 카이로 시내 동쪽 이슬람 지구에 위치한 곳으로 1382년 문을 연 재래시장이다. 아랍 사람들이 좌판을 깔고 장사하며 상인들이 모여들어 시장이 형성되었고, 당시 술탄 바르쿠크의 아들인 에밀 자칼 엘 칼릴리가 상인들을 위한 숙소를 만들며 자리 잡았다. 약 1,500개의 상점이 미로와 같은 골목에 펼쳐져 있고, 몇 대에 걸쳐 가업으로 운영되기도 한다. 기념품을 구입하기 좋아서 여행자들도 필수로 들르는 곳이다. 스카프와 의류, 수공예품, 가죽, 가방, 조명, 향신료, 카펫, 액세서리 등 다양한 물건을 볼 수 있는데, 가장 인기 있는 품목은 이름을 상형문자로 새겨주는 반지, 목걸이, 팔찌다. 제작 시간은 1시간 정도 소요된다. 시장에 들어가려면 검문소에서 소지품과 몸수색을 받아야 하고, 이곳을 통과하면 넓은 광장이 있는 알 후세인 모스크Al Hussain Mosque를 가장 먼저 볼 수 있다.

조르디 Jordie
저렴한 가격으로 여행자 필수 코스가 된 기념품 상점으로 2층에 있다. 근처에 가면 상인들이 조르디에 가냐고 물으며 위치를 알려준다.

주소 6 Haret Khan Al Khalili **전화** +20 225930378 **오픈** 11:00~ 00:00

엘 피샤위 카페 El Fishawy Cafe
1800년도에 문을 연 이집트 지식인 카페로 이집트 출신 노벨 문학상 수상자 나기브 마푸즈가 즐겨 찾으며 유명세를 탄 곳이다.

주소 El-Gamaleya **오픈** 24시간 **요금** 무료

카이로 시타델 ⭐
Salah Al-Din Citadel

이슬람 카이로를 대표하는 유적으로 중세 이슬람 세계에서 가장 인상적인 방어 요새 중 하나이다. 1176년, 이집트를 통치하던 살라딘이 십자군의 침입에 대비해 카이로의 모까땀 언덕에 건설을 시작하였고, 1207년 술탄 알 카밀에 의해 완공되었다. 이후 약 650년 동안 시타델은 이집트 통치자들의 공식 거처로 사용되었으며 1860년 압딘 궁전으로 이전하기 전까지 정치와 군사의 중심지였다.

시타델 내부에는 오스만 제국 양식의 모하메드 알리 사원, 맘루크 시대의 칼라운 사원, 이집트의 전쟁사를 다룬 군사 박물관 등이 위치해 있다. 모두 시타델 입장권 하나로 관람 가능하고 언덕 위에 자리한 덕분에 카이로 도심의 탁 트인 전경을 감상할 수 있는 명소로도 알려져 있다.

주소 Bel Kalaa, Al Abageyah **전화** +20 225121735 **오픈** 09:00~17:00 **요금** 성인 550파운드, 학생 275파운드 **홈페이지** egymonuments.gov.eg/en/archaeological-sites/cairo-citadel

칼라운 사원 Qalawun Complex

칼라운 사원은 1318년 맘루크 왕조의 술탄 알 나스르 모하메드가 왕실 전용으로 세운 이슬람 사원으로, 부친인 사이프 알 딘 칼라운의 이름을 따서 명명되었다. 입구에 들어서면 먼저 기둥이 줄지어 선 다주식 구조의 아치형 홀이 펼쳐져 맘루크 건축의 특징을 잘 보여 준다. 사원은 모하메드 알리 사원과 마주한 위치에 있어 시타델 내부에서도 시각적으로 중심축을 형성한다.

이집트 군사 박물관 National Military Museum Egypt

1949년 국방성 건물에서 시타델 내부로 이전된 이 박물관은 고대 파라오 시대부터 현대에 이르는 이집트의 전쟁사를 다루며 외부 마당에는 대형 무기, 장비, 전투 차량이 실물로 전시되어 있다. 칼라운 사원에서 오른쪽 방향으로 나가면 박물관 입구가 보이며 관람객은 무료로 마당의 유물들을 볼 수 있다. 현재 건물 내부는 일반 공개가 제한되었지만 야외 공간만으로도 충분히 흥미로운 전시 경험을 제공한다.

모하메드 알리 사원
Mosque of Muhammad Ali

이집트에 있는 수많은 사원 중 유일하게 19세기 이스탄불 사원 형식으로 지어진 곳으로 화려한 조명이 압도적인 아름다움을 자아낸다. 안뜰 가운데 있는 곳은 모하메드 알리의 묘이고, 시계탑에 있는 고장 난 시계는 룩소르 오벨리스크를 주고 답례품으로 받은 것이다.

Mokattam
모까땀 언덕

쓰레기 마을
Manshiyat Naser (Garbage City)

1969년, 정부가 쓰레기 수거인을 모까땀 언덕으로 이주시키며 형성된 마을로 볼거리는 아니지만 근처 볼거리로 이동하며 보게 된다. 약 3만 명이 사는 동네 집 앞에 쌓인 쓰레기더미는 독특한 볼거리가 맞지만 누군가에게는 삶의 터전이니 무작정 카메라를 들이대지 말자. 개인적으로 방문하는 것은 안전이 보장되지 않아서 추천하지 않는다.

주소 Manshiyat Naser **오픈** 24시간 **요금** 무료

국립 문명 박물관 ⭐
The National Museum of Egyptian Civilization (NMEC)

2021년 4월 3일 문을 연 박물관으로 미라 박물관 또는 NMEC로 불린다. 이집트 사람의 생활상과 유적이 파라오 시대, 그리스로마 시대, 콥트기독교 시대, 이슬람 시대까지 시대별로 약 5만 개의 유물이 전시되어 있다. 원래는 유네스코에서 아스완에 만들 예정이었으나 1999년 카이로로 이전하였다. 카이로 박물관에서 이관한 파라오 시대 미라가 22구 있는데, 이 중에는 투트모세 3세, 람세스 2세, 람세스 3세, 핫셉수트 여왕도 포함되어 있다. 시타델과 콥틱 지구 사이에 위치하고, 박물관 앞에는 호수와 쉬어갈 수 있는 카페가 있다. 모까땀으로 분류했지만 콥트기독교 유적지와 모까땀 사이에 위치한다.

주소 Ein as Seirah, Old Cairo **오픈** 토~목 09:00~17:00(매표소 마감 16:00), 금 09:00~17:00, 18:00~21:00(매표소 마감 20:00) **요금** 성인 500파운드, 학생 250파운드 **홈페이지** www.nmec.gov.eg

카이로 동굴 교회 ⭐
The Cave Church (St. Simon the Tanner Monastery)

쓰레기 마을을 지나면 동굴 교회로 이어지는데, 문 하나를 기점으로 분위기가 확연히 달라지는 것을 볼 수 있다. 언덕 위로 올라가면 암벽에 동굴을 파서 만든 교회가 있는데, 발견 당시에는 14만 톤의 돌로 가득 차 있었고, 입구가 하나뿐이라 통과하는 것이 매우 어려웠다고 한다. 진입로 왼쪽에는 한글로도 '환영합니다'라고 적혀 있고, 십자가를 지나 입구로 들어가면 의자가 빼곡히 놓여 있다. 입구 벽면에는 '아멘, 주여 오시옵소서 Amen, Come Lord Jesus'라는 고린도전서 16:22 말씀이 새겨져 있다. 동굴 교회의 다른 이름은 '성 시몬 수도원'으로 기적을 행한 성 시몬의 이름을 붙였다. 이슬람 지배를 받던 979년, 토론을 좋아하던 칼리프 알무즈는 유대교와 기독교 대표를 각각 불러 토론을 시켰고, 이긴 기독교 대표 아브라함에게 성경(마태복음 17:20)에 쓰여진 '겨자씨 한 알 만큼의 믿음이 있다면 산을 옮길 수 있다'는 말을 실행하면 소원을 들어주겠다고 했다. 근심하며 기도하던 아브라함은 밖에 지나가는 이에게 도움을 청하라는 음성을 듣고, 큰 물동이를 지고 가는 사람을 보았다. 이는 시몬이라는 신실한 무두장이었다. 시몬은 도움을 거절하다가 결국 전 기독교인들에게 금식을 선포하고 함께 기도했다. 결국 칼리프가 다시 찾아왔을 때 큰 바위산이 큰 소리를 내며 움직였다고 한다. 이에 소원으로 이집트에 있는 교회를 한 번 더 정비해달라고 요청했고, 칼리프는 이를 허락했다.

주소 Ghayt Al Adah, Abdeen **오픈** 24시간 **요금** 무료

Coptic Orthodox District
콥트기독교 지구

아기 예수 피난 교회 ⭐
Abu Serga (St. Sergius & Bacchus Church)

바실리카 양식으로 지어졌고, 지하 10m 깊이의 교회 내부에는 성화와 성물이 있다. 순교자 세르기우스와 바코스 교회라고도 적혀 있는데, 4세기 시리아에서 로마제국에 순교당한 두 성인을 기리기 위해 지은 교회이기 때문이다. 이집트 콥트기독교 역사에서 매우 중요한 교회로 9~12세기까지 콥트기독교 총 대주를 선출하던 곳이다. 예수의 열두 제자를 상징하는 12개의 기둥으로 이루어져 있고, 예수를 배신한 가룟 유다의 기둥만 검붉은 대리석으로 만들어졌다. 지붕은 노아의 방주를 모티브로 지어졌다. 이스라엘을 통치하던 헤롯 왕은 베들레헴에서 아기 예수가 태어날 거라는 예언을 듣고, 이스라엘에서 태어난 2세 이하 사내아이를 모두 죽였다. 이에 성모 마리아와 요셉은 예수를 지키기 위해 피난길에 올랐고, 시나이 반도를 건너 카이로에 도착했다. 추적을 따돌리기 위해 석회암으로 이루어진 이곳 지하 동굴에 침실과 거실, 부엌 등을 꾸미고 3개월 정도 숨어 지냈다고 한다. 그리고 아기 예수가 숨어 지내던 동굴 위에 지금의 교회가 지어진 것으로 교회 정면 제단 왼쪽 뒤편에 지하로 통하는 통로가 있는데 워낙 좁기 때문에 순서를 지켜 입장해야 한다.

주소 Mari Gerges, Kom Ghorab **전화** +20 223634204 **오픈** 09:00~16:00 **요금** 무료 **홈페이지** egymonuments.gov.eg/en/monuments/church-of-saint-sergius-and-bacchus

벤 에즈라 회당
Ben Ezra Synagogue

성 바바라 교회 근처 유대교 회당으로 882년에 지어졌다. 카이로에는 총 12개의 유대교 회당이 있는데, 이곳이 가장 유명하다. 모세가 물에서 건져진 곳이자 이집트를 떠나기 전 마지막 기도를 올렸던 곳으로 전해져 '모세 기념 교회'로 지어졌다. 당시 유대인이던 아브라함 벤 에즈라에게 교회 건물을 팔며, 지금의 이름이 붙여졌다. 내부에는 10~13세기 유대인의 삶을 엿볼 수 있는 자료가 보관되어 있고, 회당 뒤편 계단으로 내려가면 메크방이라 불리는 샘이 있다. 이곳은 바로 공주가 나일강에 띄워보낸 모세를 건져낸 곳이라 추정되어 '모세의 샘'이라 불린다.

주소 Kom Ghorab **전화** +20 1287896125 **오픈** 일~목 09:00~16:00 **요금** 무료 **홈페이지** egymonuments.gov.eg/monuments/ben-ezra-synagogue

콥트 박물관 ⭐
Coptic Museum

1910년에 문을 연 고대 이집트 기독교 박물관으로 세계에서 제일 많은 콥트 유물을 소장하고 있다. 콥트교는 1세기에 알렉산드리아를 방문한 마가 요한에 의해 이집트에 전파된 이집트식 기독교 이름으로 동방 정교회에 속한다. 콥트 박물관 입구에는 일부 부서진 채로 남아 있는 바벨론 요새가 있다.

주소 3 Mari Gerges, Kom Ghorab, Old Cairo **오픈** 09:00~17:00 **요금** 성인 280파운드, 학생 140파운드 **홈페이지** egymonuments.gov.eg/en/museums/the-coptic-museum

공중 교회
The Hanging Church

692년에 로마 요새 위에 세운 교회다. 바닥과 벽면, 기둥에 새겨진 문양을 보면 이슬람 사원을 떠올리게 되는데, 이집트에서 가장 오래된 교회이기도 하다. 로마 시대 이후 알렉산드리아에 머물던 콥트 교황이 방문하며 건설되었고, 이집트 콥트 교회의 본부로 사용되었다. 내부로 들어가면 옛 바빌론 요새 성채 흔적을 내려다볼 수 있다. 영어로는 공중에 매달려 있다는 뜻인데 이는 바빌론 요새 관문 꼭대기, 즉 공중에 지어졌기 때문이다. 교회 입구 정면에 2개의 종탑이 있고, 교회 입구로 올라가는 길에 그리스도의 예루살렘 승천, 유대 12부족과 예수의 열두 제자, 신약과 구약의 통일을 의미하는 24개의 계단이 있다. 지붕은 노아의 방주 모양으로 만들었고, 내부에 전시된 이콘화는 15~18세기 말에 그린 것이다. 마리 게르게스 지하철 역에서 내리면 바로 볼 수 있다.

주소 Kom Ghorab, Old Cairo **오픈** 09:00~16:00 **요금** 무료 **홈페이지** egymonuments.gov.eg/en/monuments/the-hanging-church

멤피스 네크로폴리스
Memphite Necropolis

'네크로폴리스'는 죽은 자의 도시라는 뜻으로 크고 작은 무덤이 도시처럼 모여 있는 곳을 의미한다. 고대 이집트 사람들은 지상에 잠시 머물다가 죽음 이후 저승에서 영원한 삶을 누린다고 믿었기 때문에 주거지보다 무덤을 크고 화려하게 만들었다. 카이로는 고왕국 시대의 수도인 멤피스 근처이기 때문에 고왕국 유물이 많다. 멤피스에는 기자, 사카라, 다슈르 3곳에 왕실 공동 묘지(네크로폴리스)가 있다. 고왕국 시대 파라오가 죽으면 피라미드를 만들어 미라를 보존했기 때문에 이집트 피라미드는 전부 카이로 근처에 있다. 카이로 나일강 서쪽 기자에는 고대 7대 불가사의 중 하나인, 대피라미드와 스핑크스가 있다. 남쪽 3~40km 지점에 있는 사카라와 다슈르에는 최초의 피라미드인 조세르 계단식 피라미드를 비롯해 레드 피라미드, 굴절 피라미드 등 다양한 피라미드가 있다.

Giza Necropolis
기자 네크로폴리스

주소 Al Haram, Nazlet El-Semman **오픈** 07:00~17:00 **요금** 성인 1,000파운드, 학생 500파운드, 6세 미만 무료 **홈페이지** egymonuments.com/locations/details/Pyramids

쿠푸 왕 대피라미드 ★
The Great Pyramid of Giza

나일강을 기준으로 서쪽에 위치한 기자 네크로폴리스에는 3개의 큰 피라미드가 있다. 대피라미드로 알려진 쿠푸 왕의 피라미드와 그의 아들 카프레 왕, 쿠푸 왕의 손자인 멘카우레 왕의 피라미드와 스핑크스 외에도 쿠푸 왕의 어머니인 헤테페레스 왕비의 무덤을 비롯한 여러 무덤이 있다. 그중에서 가장 큰 쿠푸 왕 피라미드 왼쪽 서쪽 묘지에는 쿠푸 왕 피라미드를 설계·건축한 재상인 헤몬의 무덤이 있고, 동쪽 묘지에는 쿠푸 왕 어머니 묘가 있다. 피라미드 내부를 관람하기 위해서는 기자 네크로폴리스 입장권과 별개로 티켓을 구입해야 한다. 고왕국 시대의 수도가 현재 카이로 근교인 멤피스였기 때문에 근교인 기자, 사카라, 다슈르에 왕족과 고관을 위한 네크로폴리스가 조성되었다. 쿠푸 왕 대피라미드는 기원전 2560년경, 27년의 공사 끝에 만들어진 것으로 이집트 피라미드 중 가장 크고 오래된 것이다. 약 230만 개의 돌로 구성되어 있고 건설에는 550만 톤의 석회암, 8천 톤의 화강암, 50만 톤의 모르타르가 사용되었다. 화강암은 남쪽으로 약 900km 이상 떨어진 아스완에서 공수해온 것으로 돌을 작게 잘라서 나일강을 따라 운송했다. 3800년 이상 세계에서 가장 높은 인공 구조물이었던 피라미드의 높이는 146.6m, 밑변은 각 230m의 정사각형으로 지어졌으나 현재 높이는 138.5m다. 표면에 연마된 돌을 붙여 햇빛을 받으면 멀리서도 번쩍이게 보이게 만들었을 거라 추정되지만 지금은 외층이 벗겨져 화강암이 드러나 있다. 이는 세월의 무게에 무너졌다는 설과 무슬림이 이집트를 정복했을 때 외층을 벗겨내 사원 건축 자재로 사용했다는 설도 있다. 상형문자를 토대로 해석한 고대 이름은 '쿠푸의 지평선'이다. 매표소에서 피라미드 3개가 잘 보이는 파노라마 포인트까지 거리가 꽤 먼 편이다. 대피라미드→파노라마 포인트→스핑크스 순으로 보는 것을 추천한다.

쿠푸 왕 대피라미드 내부

별도의 입장권을 구입해 쿠푸 왕 피라미드 중간에 위치한 통로를 따라 올라가면 피라미드 내부를 볼 수 있다. 막상 들어가면 볼 수 있는 것이 많지 않고, 올라가는 길이 매우 좁고 낮고 가파르니 체력에 자신이 없다면 밖에서 보는 것으로 만족하자..

스핑크스 ⭐
Great Sphinx of Giza

하나의 목소리를 가지고 아침에는 네 발, 낮에는 두 발, 저녁에는 세 발로 걷는 동물은 무엇인가? 라는 질문을 던진 스핑크스는 사람의 머리와 사자의 몸체를 가진 왕의 권력을 상징하는 건축물이다. 이집트 내 여러 유적지에서 볼 수 있지만 기자 피라미드 옆에 있는 스핑크스가 가장 크고 오래된 것이다. 카프레 왕 피라미드와 일직선상으로 연결된 것으로 미루어보아 카프레 왕 피라미드를 지키기 위해 만들어진 것임을 알 수 있다. 하나의 커다란 암석을 조각한 것으로 길이 73m, 높이 20m, 뒷너비 19m로 카프레 왕의 생전 얼굴이 조각되어 있다.

카프레 왕 피라미드
Pyramid of Khafre

기원전 2570년에 2톤이 넘는 석회암 덩어리로 만든 피라미드로 모자를 쓴 것처럼 보이는 가운데 피라미드다. 높이 136.4m, 밑변 215.5m로 쿠푸 왕 피라미드보다 작으나 더 높은 지대에 있어서 더 커보인다. 3대 피라미드 중 보존 상태가 제일 양호하고, 표면 상단과 하단에 외장용 화강암이 일부 남아 있어서 이집트에서 외관이 가장 아름답다고 여겨진다. 카프레 왕 피라미드 동쪽에는 피라미드의 수호신으로 불리는 스핑크스가 있다.

멘카우레 왕 피라미드
Pyramid of Menkaure

쿠푸 왕의 손자이자 카프레 왕의 아들로 장제전에서 발견된 칼에 적힌 멘카우레의 어머니가 카프레의 왕비라는 점에서 직계 아들임을 알 수 있다. 기자 3대 피라미드 중 가장 규모가 작고 높이 61m, 밑변 108.5m로 훼손이 심한 편이다. 역시 아스완에서 공수한 화강암과 석회석으로 지어졌다. 그러나 왕의 석상은 보존 상태가 훌륭하고 이집트 박물관에 있다.

기자 피라미드를 지은 사람들

피라미드 근처에서 건설에 참여한 노동자 마을이 발견되었다. 정규직과 비정규직(계절직)이 모여 살았던 것으로 추정되는데 정규직은 약 5000명으로 가족과 함께 살았고, 비정규직은 약 2만 명에 달했다. 많은 인원에도 불구하고 복지가 잘 이루어졌는데 빵을 굽는 화덕을 비롯해 작업장, 행정을 처리하던 기관, 매점과 주거 시설이 발견되었다. 현장에서 발견된 동물 뼈를 바탕으로 매일 2,000kg의 양, 염소 고기를 도축했으며 채소, 생선, 빵과 맥주도 마신 것을 알 수 있다.

Saqqara
사카라

주소 Badrshein 오픈 08:00~17:00 요금 성인 600파운드, 학생 300파운드, 6세 미만 무료

조세르 계단식 피라미드
Pyramid of Djoser

카이로에서 남쪽으로 약 30km 떨어진 곳에 위치한 사카라는 거대한 규모의 도시로 역사상 가장 오래된 피라미드와 마스타바를 볼 수 있다. 고대 이집트 장례신인 소카르의 이름에서 유래된 곳으로 입장권에 따라 방문할 수 있는 유적이 나뉘어져 있다. 대부분 조세르 계단식 피라미드를 보기 위해 이곳을 찾는데 이는 인류 최초의 피라미드로 약 4700년 전, 쿠푸 왕의 대피라미드보다 100년 이상 앞서 건립된 곳이다. 가로 109m, 세로 121m, 높이 62.5m, 총 6층으로 이루어진 피라미드 외부에는 석회석을 연마해 붙였으나 현재는 남아 있지 않다. 처음에는 봉분이 없는 평지에 마스타바로 건축하였으나 계단식으로 쌓아올려 피라미드의 시초가 되었다. 건축 기간은 조세르의 재위 기간과 비슷한 20년 정도로 지하에 약 5.7km의 터널을 뚫고 방을 만들어 지하 세계를 구축했고 현재 내부 입장도 가능하다. 주 출입구는 통로로 연결되어 있는데 반질반질하게 연마해 거울처럼 비칠 정도로 반짝인다. 출입구를 지나면 열주 홀이 나오고 이를 따라 남쪽 광장으로 가면 조세르 계단식 피라미드를 정면에서 볼 수 있다. 남쪽 광장은 세드 축제가 이루어지던 장소이기도 하다

세드 축제 Sed Festival ·TIP·

축제의 이름인 세드는 고대 이집트인이 숭배한 늑대신의 이름이다. 꼬리 축제라고도 불렸는데 이는 파라오의 권위를 상징하기 위해 입었던 동물 가죽 옷 뒤에 동물의 꼬리가 있었기 때문이다. 이는 파라오의 통치 능력을 검증하는 축제로 자신의 건장함을 증명하는 의식이기도 하다. 통치를 시작한 지 30년이 지난 후 3년에 한 번씩 능력을 검증하고 축하하기 위해 열리는 축제다. 제1왕조 파라오 덴이 세드 축제에서 운동장을 달리는 그림이 새겨진 유물이 발견되기도 했는데, 이는 현재 영국 박물관에 전시되어 있다.

이푸트 마스타바
Iput Mastaba

5대 왕조의 마지막 왕인 우나스 왕의 딸인 이집트 여왕으로 6대 왕조 첫 파라오인 테티와 결혼했다. 다른 마스타바에 비해 물고기 잡는 벽화가 많고, 물소 사육을 알 수 있는 벽화도 남아 있다. 가장 인기가 많은 벽화는 새끼 낳는 하마와 입을 벌리고 기다리는 악어다.

메레루카 무덤
Tomb of Mereruka

제6왕조 테티 왕의 고관이자 사위로 이집트 역사상 가장 강한 권력을 가진 귀족이다. 내부는 33개의 방이 있는데 21개는 메레루카를 위한 방이고, 5개는 아내, 5개는 아들인 메리테티를 위한 것이다. 1893년에 발굴된 4300여 년 전 무덤인데 내부 벽화 보존 상태가 매우 좋다. 당시 귀족의 생활 모습과 메레루카가 고등 재판관으로 재판하는 모습, 그리고 사냥, 낚시, 금을 제련하는 모습 등, 이집트 사람들의 일상생활 모습을 엿볼 수 있다. 다른 곳처럼 무덤 안 한쪽 벽면에는 가짜 문이 있고, 그 안에 석상이 보존되어 있다.

마스타바 Mastaba

피라미드가 파라오나 왕비 등 왕실의 무덤이라면 마스타바는 고관의 무덤이다. 영생의 집 또는 돌로 된 의자라는 뜻이 있다. 평평한 지붕의 직사각 형태의 무덤으로 초기에는 진흙 벽돌로 만들었다가 이후 돌로 만들기 시작했다. 입구에 문을 만들고 지하 통로를 뚫어 시신을 매장했는데 피라미드 내부와 견주어도 손색이 없을 만큼 커다란 주택처럼 꾸며 놓았다. 무덤 내부에는 가짜 문이 있는데 이는 이승과 저승을 나누는 경계로 이를 통해 영혼이 드나든다고 생각했다. 사카라 네크로폴리스에 피라미드보다 많은 것이 마스타바인데, 벽돌이나 돌로 담을 쌓은 곳은 대개 마스타바라고 보면 된다.

임호텝 박물관
Imhotep Museum

이집트 고왕국 조세르 왕의 고관으로 인류 최초의 피라미드인 계단식 피라미드를 설계하고 건축한 사람이다. 왕실의 율법학자이자 태양신 라 사원의 최고 제사장으로 최고의 권력을 가진 귀족이었다. 박물관에는 사카라 네크로폴리스에서 발굴된 다양한 유물이 6개의 전시실에 전시되어 있다. 임호텝의 관을 비롯해 조세르 왕 좌상과 피라미드 내부에서 발굴된 프랑스 채색 도자기 형태의 타일과 문, 이시스 여신이 아들인 호루스를 안고 있는 상 등이 있다.

신성한 동물 사원
Bubasteion - New Kingdom Tombs

고대 이집트에서는 동물을 신성히 여겨 신으로 삼은 경우가 있었다. 이곳은 고양이 신인 바스테트를 위한 사원으로 프톨레마이오스 시대와 로마 정복 시대에 절벽에 굴을 뚫어 만들었다. 주변에 18왕조와 19왕조 고관과 제사장 무덤이 있다. 고양이와 사자 미라와 청동·나무로 만든 고양이 상도 대량 발굴되었다. 찾는 사람이 많지 않아서 닫혀 있을 때가 많은데, 위에 있는 초소에 말하면 문을 열어준다.

Memphis
멤피스

멤피스 박물관 ⭐
Memphis Museum

사카라에서 약 5km 떨어진 곳에 위치한 박물관으로 유물이 많은 편은 아니다. 입구를 들어가면 람세스 2세 와상, 멤피스 스핑크스, 람세스 2세 입상, 멤피스 삼위신 석상, 사르코파구스(석관) 등의 유적을 볼 수 있다.

주소 Mit Rahinah **오픈** 08:00~17:00 **요금** 성인 200파운드, 학생 100파운드 **홈페이지** www.mitrahinamuseum.com

멤피스 박물관 내부 가이드

람세스 2세 와상

실내 전시관으로 들어오면 제19왕조 파라오로 기원전 1279년부터 1213년까지 66년간 통치한 람세스 2세 와상을 볼 수 있다. 석회석으로 만든 람세스 2세 거상은 2개가 발견되었는데 하나는 이곳에 있고, 다른 하나는 람세스 중앙역 광장에 있다가 최근에 지은 박물관으로 이관되었다. 높이는 10m로 하나의 석회석을 조각한 것이다. 석상 어깨에 있는 카르투시(왕이나 신의 이름을 상형문자로 기록한 타원형 문양)는 람세스 3세로 적혀 있다.

멤피스 스핑크스

기록이 없어서 어느 왕의 스핑크스인지 알 수 없지만 핫셉수트 여왕의 스핑크스로 추측된다.

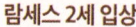

람세스 2세 입상

눈에 띄게 근육이 발달한 것을 볼 수 있는데, 이는 재임 기간 동안 힘과 권위를 나타내기 위함이다.

멤피스 삼위신 석상 Traid of Memphis

가운데 석상은 고대 이집트인이 우주의 창조자로 믿던 멤피스의 주신 프타Ptah이고, 왼쪽은 아내인 세크메트, 오른쪽은 아들인 네페르툼이다.

사르코파구스(석관) Sarcophagus

관을 보호하기 위해 관 위에 덮는 돌이나 나무로 이곳에 전시된 것은 날개를 가진 여성의 문양이 인각되어 있다.

Dahshur
다슈르

주소 Al Giza Desert **오픈** 08:00~17:00(16:00 매표소 마감) **요금** 성인 200파운드, 학생 100파운드, 6세 미만 무료

메이둠 피라미드
Meidum Pyramid

기자에 대피라미드를 세운 쿠푸 왕의 아버지이자 '피라미드의 아버지'라 불리는 제4왕조의 첫 번째 파라오 스네프루가 지은 첫 번째 피라미드이다. 원래는 계단식 구조로 짓기 시작했으나, 스네프루가 즉위한 후에 외벽을 덧붙여 매끈한 형태의 진정한 피라미드로 개조하려고 설계를 변경했다. 하지만 구조적으로 불안정하고 모래 기반 위에 얹혀 있어 무너짐이 발생하여 결국 붕괴된 상태로 남아 있다. 초기 석재 피라미드에서 매끈한 전면을 갖춘 피라미드로의 전환을 보여주는 중요한 건축적 실험 사례로 평가받는다.

굴절 피라미드
Bent Pyramid

스네프루가 건설한 피라미드로 경사각 55도로 시작했으나 무게 문제로 중간에 43도로 변경되며 독특한 형태를 띠게 되었다. 실험적 설계와 기술적 한계를 보여 주는 중요한 사례로 이후 레드 피라미드 건설로 이어지는 전환점을 이룬다. 내부에는 두 개의 입구와 경사 통로, 코벨 천장을 가진 방들이 있다.

레드 피라미드
Red Pyramid

스네프루가 지은 세 번째 피라미드이다. 높이는 약 105m, 밑변은 약 220m로 이집트에서 세 번째로 큰 피라미드이기도 하다. 처음 건축할 때는 하얀 석회암으로 외부를 덮어서 하얗게 빛났지만 중세 시대에 카이로 건물을 짓기 위해 석회암을 떼어 가며 아래 있던 붉은 석회암이 드러나 레드 피라미드라는 이름이 생겼다. 이집트 역사상 최초로 완전한 매끈한 경사면 구조를 갖춘 피라미드로 평가된다. 레드 피라미드 아래에는 3개의 방이 있는데 그중 세 번째 방에 파라오 스네프루의 석관이 안치되어 있었을 것으로 추정되지만, 모두 도굴되어 남아있는 유물은 없다.

블랙 피라미드
Black Pyramid

제일 처음 건축한 피라미드다. 대부분 파괴되어 흙으로 구운 벽돌 잔해만 남아 있다.

🍴 추천 식당

수도인 만큼 맛집이 많은 편이다. 허름하지만 맛있는 로컬 레스토랑을 비롯해 자말렉의 핫한 레스토랑 등 기호에 맞게 다양하게 선택할 수 있다. 저녁 식사 전, 노을을 보며 나일강 보트 투어도 추천할 만하다.

아부 타렉 ⭐
Abou Tarek

이집트 고고학 박물관 근처에 위치한 곳으로 5층으로 이루어진 쿠샤리 전문 식당이다. 들어가서 원하는 곳에 자리를 잡으면 주문을 받으러 온다. 메뉴는 오직 쿠샤리뿐으로 스몰, 미디엄, 라지 중 선택할 수 있다. 벽에 걸린 사진은 창업주다. 세계에서 가장 많은 양의 쿠샤리를 만들어 기네스북에 등재되기도 했다.

주소 Champollion Rd. **전화** +20 225775935 **오픈** 토~목 07:00~23:45, 금 12:00~00:00 📷 @koshariabotarek

나인 피라밋즈 라운지 ⭐
9 Pyramids Lounge

피라미드를 코앞에서 바라보며 브런치를 즐길 수 있는 풍경 맛집으로 멋진 사진을 찍고 싶다면 가장 추천할 만한 곳이다. 건물 내 의자 좌석과 앞마당에 깔아둔 좌식 좌석이 있는데, 날씨가 너무 덥지 않을 때는 이곳에 앉는 것을 추천한다. 다양한 중동 음식을 맛볼 수 있으며, 이집트식 아침 식사 세트를 추천한다. 기자 피라미드 입장권을 구입해야 들어갈 수 있다.

주소 Al Giza Desert **전화** +20 1212299999 **오픈** 09:00~16:00 📷 @9pyramidslounge

아부 엘 시드 레스토랑 ⭐
Abou El Sid Restaurant

자말렉에 위치한 레스토랑으로 궁전처럼 멋진 장식과 조명이 돋보인다. 가격은 저렴하지 않으나 여행 마지막 날 멋진 옷을 차려입고 분위기를 내며 정통 이집트 음식을 즐기기 좋은 곳이다. 뉴 시티에도 지점이 있으니, 택시 이용 시 자말렉 지점으로 가달라고 해야 한다.

주소 157 26th of July Corridor **전화** +20 227359640 **오픈** 13:00~01:00 **홈페이지** www.abouelsid.com

올디시
Oldish

푸짐한 아침 식사 세트가 훌륭하다. 바로 착즙한 상큼한 오렌지 주스는 놓치기 아쉬울 정도다. 거대한 야자수가 자리 잡은 정원 자리가 근사하고, 자말렉 지점은 중동 느낌이 물씬 묻어나는 내부가 인상적이다. 타흐리르 광장에서 도보 5분 거리에 있다.

주소 Mohammed Mahmoud **전화** +20 1060 119488 **오픈** 08:00~00:00 @oldisheg

아스막
Asmak

해산물 전문 음식점으로 횟집처럼 얼음 위에 놓인 해산물을 골라 요리법을 지정해 주문할 수 있다. 새우구이와 조개찜이 괜찮은 편으로 이집트 내 총 5개의 지점이 운영되는데 카이로 구시가지에도 2개의 지점이 있다. 맛은 비슷하니 가까운 곳으로 가는 게 좋다.

주소 26 Nile St. **전화** +20 1007124444 **오픈** 12:00~00:00 @asmakrestaurant_

오스 파스타
O's Pasta

자말렉에 위치한 파스타 전문점으로 실험 정신이 엿보이는 몇몇 메뉴는 호불호가 갈리지만 기본 메뉴는 훌륭한 편이다. 파스타는 새우가 들어간 루꼴라 감베리 도씨와 볼로네제기 제일 괜찮은 편이다. 직원이 라임 민트 주스를 권할 때가 많은데 한국인의 입맛에는 잘 맞지 않으니 참고하자.

주소 159 26th of July Corridor **전화** +20 1004155756 **오픈** 12:00~00:00 @ospasta

엘 기자위 식당
El Gizawy restaurant

기자 네크로폴리스에서 차로 7분 거리에 위치한 현지 식당이다. 24시간 운영해 이른 아침에 피라미드를 보러갈 때 간단히 먹고 가기에 좋다. 현지인이 즐겨 찾는 곳이라 아랍어 메뉴판밖에 없지만 뷔페처럼 나열된 음식 재료를 손가락으로 가리키면 샌드위치처럼 빵 안에 넣어준다.

주소 Nazlet El-Semman **전화** +20 1063960160 **오픈** 24시간

주바
Zööba

카이로에서 시작해 사우디아라비아, 뉴욕에도 지점을 낸 체인이다. 퓨전 음식점으로 이집트 음식을 처음 접하는 사람도 쉽게 먹을 수 있다. 현지 물가보다는 비싸지만 자말렉치고는 가격 대비 괜찮은 편이다. 장소가 협소해서 식사 시간에는 많이 붐비니 이 시간대는 피하는 것이 좋다. 카이로 내 여러 지점이 있으니 우버나 택시 이용 시 위치를 지정해서 말해야 한다.

주소 16 26 July St. **오픈** 08:00~01:00 @zooba

펠펠라 레스토랑
Felfela Restaurant

1959년에 문을 연 이집트 음식 전문점으로 외국인 여행자에게 인기가 많다. 다국적 귀빈과 국가 대표, 예술가들이 즐겨 찾는 곳이다. 잘 꾸며진 정원이 아름답고 직원들이 친절하며, 팔라펠과 소고기와 양고기 케밥을 추천할 만하다.

주소 15 Hoda Shaarawy **전화** +20 223955557 **오픈** 11:00~00:00 **홈페이지** www.felfelaegypt.com

크레이브
Crave

자말렉에 위치한 핫플로 스파게티와 치킨가스 콤보, 밥과 함께 나오는 스테이크가 한국인 입맛에 잘 맞는 편이다. 특이한 그릇에 나오는 타코 샐러드도 푸짐하니 인원이 많다면 하나쯤 주문하는 것을 추천한다.

주소 22 A Taha Hussein **전화** +20 1095152040 **오픈** 12:00~00:00 @crave_egypt

스튜디오 미스르
Studio Misr

카이로 시타델 근처에 위치한 알 아즈하르 공원 내 식당으로 한적한 분위기를 즐기기 좋은 곳이다. 규모가 큰 공원은 아니지만 신경 써서 가꾼 곳으로 신경 써서 가꾼 곳으로 입장료(일~목 성인 40파운드, 아동 30파운드 / 금~토 성인 50파운드, 아동 40파운드)를 내야 이용할 수 있다. 대체로 괜찮은 편이나 케밥류가 제일 추천할 만하고 주문 시 바로 만들어 주는 옴 알리는 이곳에서 꼭 맛보아야 할 디저트이다. 자말렉에도 체인점이 있으나 분위기는 알 아즈하르 공원에 있는 것이 더 좋다.

주소 Salah Salem St 전화 +20 1110124034 오픈 09:00~00:00

엘 압드 파티셰리 ⭐
El Abd Patisserie

현지인들에게 인기 많은 디저트 가게로 젤라또 아이스크림이 깜짝 놀랄 만큼 맛있는 집이다. 쿠샤리 맛집인 아부 타렉 근처에 있어서 식후에 다녀가기 좋다. 이곳에 사람이 너무 많다면 도보 5분 거리에 있는 압델 라힘 쾨이더 Abdel Rahim Koueider 아이스크림도 맛있다.

주소 25 Talaat Harb 전화 +20 021643 오픈 09:00~00:00 @elabdpatisserie

소셜 스페셜티 커피 ⭐
Social Specialty Coffee

자체 로스팅한 원두를 판매할 만큼 커피에 진심인 곳으로 아이스 아메리카노를 비롯해 라테, 프라푸치노 등 메뉴 대부분이 훌륭하다. 샐러드와 샌드위치도 괜찮고 간단한 식사도 가능하나 크루아상만은 추천하지 않는다.

주소 9 Brazil St. 오픈 06:00~23:00 ◎ @socialspecialtycoffee

에스코바르
Escobar

콜롬비아 최대 마약왕인 파블로 에스코바르의 이름을 딴 곳으로 자말렉 루프탑 19층에 위치해 있다. 나일강을 내려다보며 멕시코 음식에 한잔 곁들이기 좋은 곳이다. 타코와 화이타 등 메뉴 대부분 맛이 괜찮고, 17:00~20:00은 해피 아워로 약 50% 저렴한 가격에도 즐길 수 있다.

주소 9 El-Moustashar Mohammed Fahmy El-Sayed 전화 +20 1271333388 오픈 월~토 17:00~02:00(일 휴무) ◎ @escobar_egypt

하나 바비큐
Hana Barbeque

자말렉에 위치해 접근성이 가장 좋은 한식당으로 필요 시 달러 환전도 가능하다. 삼겹살을 비롯해 육개장, 비빔밥 등 단품 메뉴도 괜찮다. 한국 드라마를 보고 한식을 먹기 위해 이곳을 찾는 이집트 사람도 많다.

주소 Mohammed Mazhar 전화 +20 227367873 오픈 12:00~22:00

오아시스 한국 식당
Oasis Korean Restaurant

기자 피라미드 근처를 둘러보고 점심을 먹으러 가기 좋은 곳으로 반찬이 푸짐하게 잘 나온다. 필요 시 김밥이나 도시락 포장도 가능하다.

주소 Hamid Mariouteya St. 전화 +20 1021513307 오픈 일~금 10:00~19:00(토 휴무)

미나 식당
Mina Restaurant

아담한 정원이 꾸며져 있는 곳으로 개인별로 제공되는 반찬이 깔끔하다. 찌개류보다는 불고기, 비빔밥을 추천한다.

주소 34, Street 276 전화 +20 1221666612 오픈 화~일 11:30~21:00(월 휴무)

추천 숙소

크게 타흐리르 광장과 기자 피라미드 근처로 나눌 수 있다. 교통 체증이 심한 편이니 되도록 방문할 곳과 가까운 곳에 숙소를 잡는 게 좋다. 개인실도 화장실과 샤워실은 공용으로 사용해야 하는 곳도 있으니 예약 시 잘 살펴보자.

디 오스트레일리안 호스텔 카이로 ⭐
The Australian Hostel Cairo

타흐리르 광장 근처에 위치한 호스텔로 다른 곳에 비해 엘리베이터가 깔끔한 편이다. 3층과 5층으로 나뉘어져 있고, 체크인 및 조식은 3층에서 이루어진다. 사람이 많이 드나드는 3층보다는 5층이 훨씬 조용하고 방도 깨끗하다.

주소 23 Abd El-Khalik Tharwat, Bab Al Louq **전화** +20 223958892
홈페이지 theaustralianhostel.com

카이로 하우스 호스텔
Cairo House Hostel

타흐리르 광장에서 도보 15분 거리에 위치한 곳으로 루프탑 식당이 매력 포인트다. 도미토리와 개인실로 나뉘어져 있고, 시설은 깔끔한 편이나 방음이 거의 되지 않아서 소음에 취약하다. 파바 콩을 삶아서 만든 이집트 전통 음식인 풀 메다메스를 비롯해 알찬 조식도 추천할 만하다.

주소 20 Adly Downtown Cairo **전화** +20 1062451605

마디나 호스텔
Madina Hostel

타흐리르 광장 근처에 위치한 곳으로 다른 건물과 마찬가지로 엄청 낡고 엘리베이터도 작동할까 싶지만 내부는 깔끔하다. 10층에 위치하고 친절한 직원이 인상적인 곳으로 공용으로 사용할 수 있는 부엌이 있다. 도미토리와 개인실로 나눠져 있다.

주소 5 Kasr Al Nile, Street, Qasr El Nil **전화** +20 1030001179
홈페이지 www.madinahostel.com

람세스 힐튼 호텔 & 카지노 ⭐
Ramses Hilton & Casino

카이로를 대표하는 장소에 위치한 호텔로 일정이 짧거나 도보로 여행하고 싶다면 최적의 호텔이다. 나일강이 보이는 뷰가 멋있고 고버스터미널 바로 옆에 위치하여 이동이 편리하다. 샤워기가 독특한 편인데 왼쪽으로 세게 돌려야 하고 날씨가 더울 때는 차가운 물이 나오지 않는 편이다. 3층 레스토랑에서는 매일 저녁 10시부터 공연이 열린다.

주소 1115 Nile Corniche, Sharkas **전화** +20 225777444 **홈페이지** www.hilton.com

슈타이겐베르거 호텔 엘 타흐리르
Steigenberger Hotel El Tahrir

타흐리르 광장 근처에 위치한 호텔로 지하철 역과 이집트 박물관 바로 옆에 있고, 나일강 건너 자말렉까지도 걸어갈 수 있다. 호텔 내 환전 가능한 ATM이 있어 필요 시 이용할 수 있다.

주소 2 Kasr Al Nile, Ismailia, Qasr El Nil **전화** +20 225750777 **홈페이지** www.steigenberger.com

라이프 피라미드 인
Life Pyramid Inn

깜짝 놀랄 만큼 친절한 주인과 피라미드를 볼 수 있는 뷰가 돋보이는 곳으로 깨끗한 시설 덕분에 만족도가 높다. 저녁에는 루프탑에서 기자 피라미드 빛과 소리의 쇼를 볼 수 있다. 엘리베이터가 없어서 높은 층 배정 시 불편한 감이 있다.

주소 Al Haram, Giza Governorate **전화** +20 1114556147 **홈페이지** www.lifepyramidsinn.com

슈타이겐베르거 피라미드 ⭐
Steigenberger Pyramids Cairo

그랜드 박물관 바로 옆에 위치한 호텔로 기자 피라미드를 방문하기 좋은 곳에 위치해 있다. 카테고리에 따라 가격대가 다양하여 비교적 저렴한 가격에 좋은 시설에 묵을 수 있다는 것이 장점이다. 피라미드가 보이는 방은 가격대가 높은 편이지만 여행자의 로망을 채우기에 좋다. 수영장을 지나면 부설 이탈리아 레스토랑이 나오는데 저녁에는 라이브 연주가 펼쳐지고 맛도 괜찮은 편이다.

주소 Alexandria Desert Rd, Kafr Nassar 전화 +20 233772555 홈페이지 www.steigenberger.com

메리어트 메나 하우스 카이로 ⭐
Marriott Mena House Cairo

피라미드가 보이는 호텔로 여유가 된다면 여행 마지막에 하루쯤 묵어 가기 좋다. 독특한 점은 제2차 세계대전이 끝날 때쯤 미국, 영국, 중국 지도자들이 여기 모여서 한국의 독립을 선언하였고(카이로 선언), 이를 기념하기 위해 제작한 기념비가 호텔 내에 있다. 호텔에 묵지 않더라도 레스토랑을 이용할 수 있는데 1인 60$ 뷔페식으로 저녁에는 전통 공연이 펼쳐진다.

주소 6 Pyramids Rd. 전화 +20 233773222 홈페이지 www.marriott.com

카이로 근교 투어
파이윰 Faiyum

카이로에서 차로 2~3시간 소요되는 곳으로 버스나 차를 대절해 갈 수 있다. 다른 지역에 비해 모래사막 느낌은 덜하지만 가까운 거리에 사막과 독특한 지형, 호수와 이색적인 마을까지 볼 수 있다는 장점이 있다. 아래 볼거리 중 가고 싶은 곳을 조합해 일정을 짜보자.

와디 엘 라얀 보호 구역 Wadi El Rayan

해양 화석이 발견된 곳으로 폭포, 상부 호수, 하부 호수, 온천, 엘 모다와라산, 엘 라얀산, 와이 엘 히탄 등 7개 구역으로 나뉘어져 있다.

와디 엘 히탄 Wadi Al Hitan 🏛

예전에는 호수였던 곳으로 수백만 년 전 고래와 상어 등 많은 화석이 발견되어 '고래의 계곡'으로 불리는 곳이다. 세계에서 가장 오래된 고래 화석이 발굴돼 2005년 유네스코 보호 세계 문화유산에 등재되었다. 이곳의 해양 화석은 고래가 육지 생물에서 바다 생물로 진화되었다는 주장을 뒷받침한다. 고대 고래 화석 중 가장 크고 온전하게 남아 있는 '바실로사우루스' 화석에서 작은 뒷다리 2개가 발견되어 진화론적 증거의 단서가 되었기 때문이다. 약 4000만 년 전에 이곳에 살았던 주민들의 생활상과 마을 규모도 엿볼 수 있다.

카룬 호수 Lake Qarun

모에리스 호수로도 유명한 담수호다. 왜가리, 저어새, 오리 등 88종 이상의 새들이 모여 살고 가을에는 플라밍고도 볼 수 있다. 어마어마한 규모 때문에 바다처럼 보이기도 하며, 1989년 보호 구역으로 지정되었다. 보트를 빌려 잔잔한 호수 위를 유영하는 것도 추천할 만하다.

카이로 근교 사막 투어 신청하기 · TIP ·

카이로에서 다녀올 수 있는 사막은 거리 순으로 크게 파이윰, 바하리야, 시와 세 곳으로 나눌 수 있다. 파이윰은 오전 일찍 출발하면 당일치기로 다녀올 수 있지만 바하리야는 1박 2일, 시와는 적어도 2박 3일이 소요된다. 하지만 사막의 백미는 별이 쏟아지는 밤이기 때문에 되도록 하루라도 자는 것을 추천한다. 각 사막마다 볼거리와 소요 시간이 다르니 이를 고려하여 선택하는 게 좋다. 모든 사막 투어는 여행사를 통해 진행된다. 각 지역으로 이동하는 것은 버스를 이용하거나 투어와 함께 추가 비용을 지불하고 카이로 호텔 픽업과 드롭을 신청할 수 있다.

튀니지마을 Tunis Village

카룬 호수가 한눈에 내려다보이는 곳으로 수공예 도자기가 유명하다. 매년 열리는 11월 도자기 축제 때 수많은 여행자가 이곳을 찾으며, 평소에도 직접 도자기를 만들어보는 체험을 할 수 있다.

마법 호수 Magic Lake

흰 가젤, 이집트 가젤, 모래 여우 등 야생 동물과 희귀종 새를 관찰할 수 있는 곳이다. 멸종 위기 동물의 서식지라는 점에서도 아주 중요하며, 자연의 경이로움을 느낄 수 있다. 또 호수를 바라보며 샌드 보딩과 수영을 즐길 수 있다. 사막과 호수가 어우러진 풍경이 장관이다.

카이로 근교 투어
바하리야 사막 Bahariya Oasis

카이로에서 차로 약 5시간 소요되는 곳으로 여행자가 가장 즐겨 찾는 사막이다. 대부분 1박 2일 사막 투어에 참여하지만 원한다면 2박 3일, 3박 4일 코스도 가능하다. 투어에 식사와 음료(술 제외), 침낭, 담요, 텐트가 포함되어 있다. 달이 최대한 작을 때 가야 별을 더 많이 볼 수 있다. 카이로에서 바하리야 사막을 개인적으로 갈 때는 트루고만 버스터미널에서 오전 8시 버스를 타고 가는 게 좋다. 계절에 따라 버스 시간이 변동될 수 있으니 버스표를 예약해두도록 하자.

★★★ 1박 2일 추천 코스

1일차
카이로 출발 – 점심 식사 – 검은 사막 – 크리스탈 사막 – 아가밧 샌드보딩 – 하얀 사막(캠핑)

2일차
아침 식사 – 온천 – 카이로 귀환

검은 사막 Black Desert

화산 활동으로 생긴 화산암에 세월이 쌓이고 침식되어 주상절리가 독특한 모습을 자아낸다. 1억 8천만 년 전에 석화된 숲의 잔해가 발견되어, 오래전 이곳이 푸른 숲이었다는 것을 알 수 있다.

사막 투어 추천 여행사 · TIP ·

사막 투어는 길이 없는 사막으로 들어가 사막 안에서 텐트를 치고 자는 시스템이라 개인 여행이 불가하다. 바꿔 말하자면 안전이 온전히 가이드에게 달려 있으니 반드시 믿을 만한 사막투어 인가 업체와 가이드를 선택하는 게 매우 중요하다. 차량 사고나 문제가 생겼을 때 도움을 받을 수 있도록 현지에 거주하며 운영하는 업체를 추천한다. 한 차에 4명까지 탑승할 수 있고, 투어 가격은 1인 80~100달러로 차량 탑승 인원 수에 따라 달라진다.

경미네, 미도 사파리
바하리야에 거주하는 한인이 운영하는 곳으로 투어에 동행하지 않지만 문제 발생 시 빠르게 해결할 수 있다. 다른 업체에 비해 침낭이나 텐트, 차량 관리가 잘 이루어지는 편이고 한국인이 많이 참여하다보니 삼겹살을 제공하는 등 여러모로 편리하다.

모마 투어
한국어에 능숙한 이집트인 가이드 모마가 직접 동행하는 투어로 사진을 잘 찍어서 투어 만족도가 높은 편이다. 인기가 많다보니 인원 모으기는 편리하지만 소규모 투어를 원한다면 불편할 수 있다.

지성 투어
카이로, 룩소르 등 한국어 투어를 진행하는 이집트인 가이드가 주선하는 투어로 현지 업체와 조인해 이루어진다. 다른 곳보다 저렴하면서도 현지인이 운영하는 여행사에 예약할 때보다 믿을 수 있다는 것이 장점이다.

크리스탈 사막 Crystal Desert

반짝이는 돌이 널려 있어서 감탄을 자아내는 곳으로 석영으로 알려져 있지만 육각 피라미드 결정이 아니고 무른 것으로 미루어보아 실제는 방해석이라고 한다. 신생대 제3기 올리고세 화산류 암석으로 추정된다.

사막 바다의 눈 Eye Rock Formation

석회암에 구멍이 뻥 뚫린 곳으로 모래와 하늘을 함께 담을 수 있는 인생샷 명소다. 바닷물이 마르고 융기가 일어나며 형성된 석회암이 침식되며 생겨난 곳으로 사막 바다의 눈이라고 불린다.

하얀 사막 White Desert

하얀 석회암이 주를 이루는 곳으로 동굴 벽에 조개를 비롯해 다양한 해양 생물 화석이 있는 것으로 보아, 과거 이곳이 바다였다는 것을 알 수 있다. 한때는 바다의 바닥이었던 곳으로 중생대 공룡 화석이 발견된 곳이기도 하다.

닭과 버섯 바위
Chicken & Mushroom Rock Formations

오랜 풍화 작용으로 아래 부분이 깎인 기암괴석이 닭과 버섯처럼 생겼다고 해서 붙여진 이름이다. 하얗게 빛나는 버섯 모양의 돌이 널려 있는 풍경은 신비로움을 자아낸다. 노을이 질 때 이곳을 찾으면 돌의 색이 시시각각 달라지는 것을 볼 수 있다.

사막 여행 꿀팁 ·TIP·

1. 휴대폰을 충전할 곳이 없으니 보조 배터리는 필수!
2. 사막의 밤은 여름에도 춥다. 경량 패딩과 핫팩을 준비하자.
3. 사막에서 구워 먹을 고구마, 마시멜로나 뜨겁게 먹을 수 있는 라면, 커피 믹스를 챙겨가면 더욱 즐겁다.

시와 Siwa

واحة سيوة

사막 지역에 있는 오아시스 마을

카이로 남서쪽에 위치한 사막 동네로 리비아에서 불과 50km 떨어진 작은 오아시스 마을이다. 바하리야 사막 투어와 달리 버스로 시와 마을로 이동 후 뚝뚝이나 차를 대절해 둘러볼 수 있다. 다른 지역과 거리가 멀어서 이집트 사람들도 가고 싶어 하는 버킷리스트 여행지 중 하나다. 비는 거의 오지 않지만 지하수가 흘러 약 25만 그루의 대추야자 나무와 약 3만 그루의 올리브 나무가 자라고 있고, 채소 재배도 원활하다. 대추야자 열매와 올리브는 시와의 특산품이고, 대추야자로 담근 술도 맛볼 수 있다. 소금으로도 유명한 지역이라 소금 조명등 관련 기념품도 많다. 알렉산더 대왕과 클레오파트라 여왕의 전설이 깃든 곳이기도 하다.

시와 BEST 3

1. 에메랄드 빛 소금 호수에서 수영하기
2. 파트나스 섬에서 노을 보기
3. 은하수가 쏟아지는 사막에서 하룻밤 보내기

• 시와 드나들기 •

시외 교통

버스

시와를 오가는 대중교통 수단은 오로지 버스뿐이다. 심지어 한 버스 회사의 독점 운행으로 성수기에는 티켓 구하기가 쉽지 않다. 약 12시간 이상 소요되는 야간 버스인데 침대가 있는 슬리핑 버스가 아닌 일반 버스라 두 좌석을 구입하여 '눕코노미'로 가는 승객도 있다. 간혹 좌석 번호로 실랑이를 벌이는 경우가 있으니 정해진 번호에 착석하자. 이동 시 3~4번 휴게소에 들르고 여권을 검사하는 경찰 검문을 받기도 한다. 시와에서 카이로로 가는 버스도 하루에 한 번 있으니 성수기에는 일정이 정해지면 바로 예약하는 게 좋다. 시와 하차 지점은 시내에 위치한 'Siwa Bus Station & Tickets'이고 매표소, 탑승 장소도 동일하다.

구글맵 주소 카이로 362M+7HV, 시와 6G49+2HQ
시간 카이로-시와 22:30~10:00(약 12~13시간), 시와-카이로 19:30~06:30

시내 교통

뚝뚝

사람을 뒤에 태울 수 있도록 개조한 차량으로 시와에서 가장 흔하게 사용되는 교통수단이다. 볼거리를 둘러볼 때도 뚝뚝을 이용할 수 있으나 날씨가 더운 시기라면 택시를 추천한다. 가까운 거리를 이동할 때 유용하다.

택시

사막 사파리 투어 또는 시내 볼거리와 소금 호수를 둘러볼 때 이용되는 교통 수단으로 하루 대절 가격을 정하고 하루 전날 예약하는 게 좋다. 가격은 차 한 대당 일반 투어(사막 사파리 제외) 600~800파운드, 사막 사파리 1,700~2,000파운드 정도다.

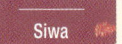

시와
추천 코스

· COURSE ·

죽음의 산
↓ 차량 10분
아문 신전
↓ 차량 20분
클레오파트라 풀
↓ 차량 25분
소금 호수
↓ 차량 20분
아만 약덴
↓ 차량 10분
숙소 휴식
↓ 도보
샬리 요새
↓ 차량 12분
파트나스 섬(노을)

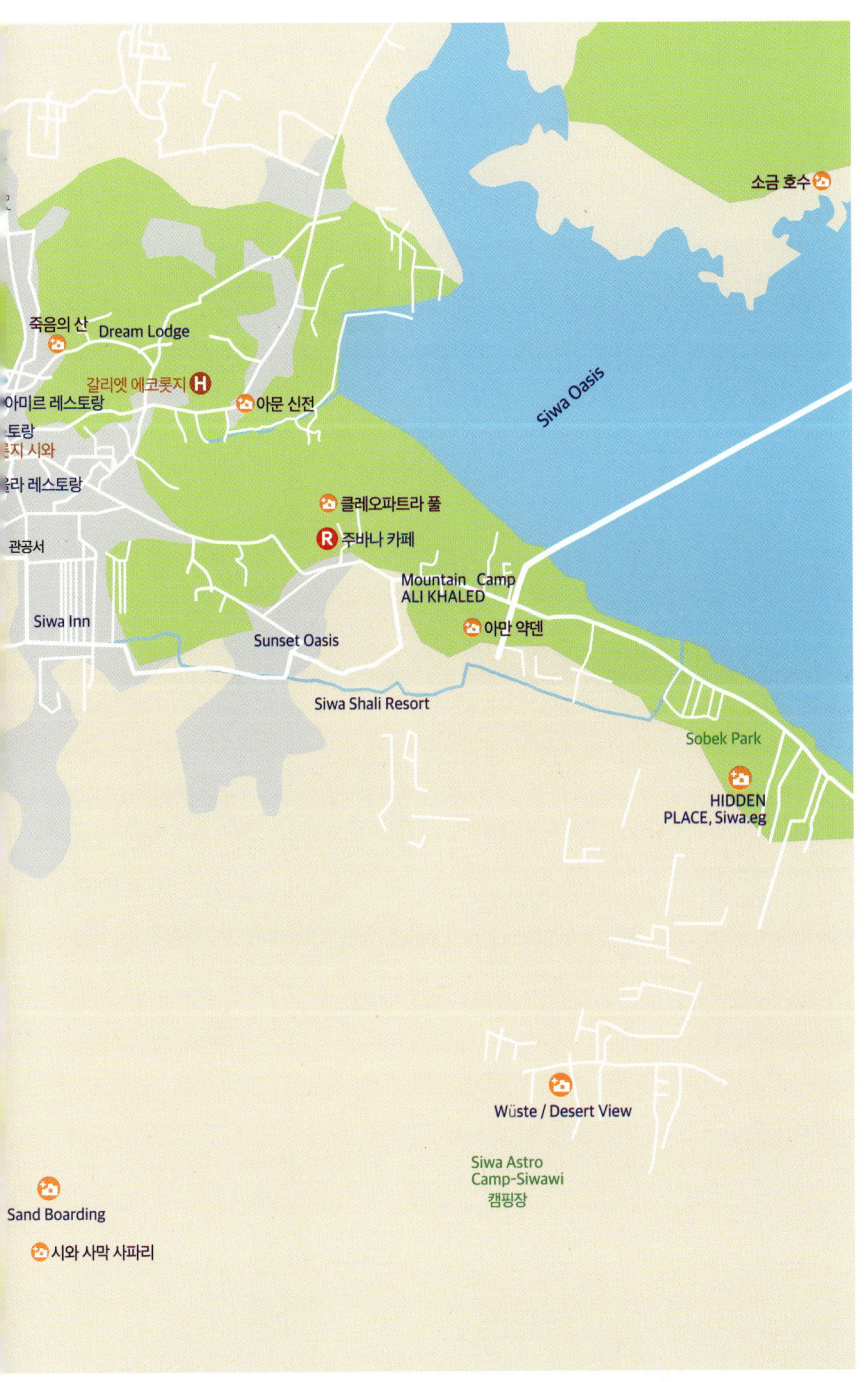

샬리 요새 ⭐
Fortress of Shali

13세기에 진흙, 바위, 소금을 섞어 만든 점토인 케르셰프 Kershef로 지어진 요새다. 물이 풍부했기에 항상 사막 부족의 침입을 받았고, 이를 막기 위해 성곽을 쌓고 하나의 성문을 통해 외부를 오갔다. 시와에서 두 번째로 높은 곳으로 1926년에 내린 큰 비로 많이 소실되었다. 계단 재료로 사용한 나무는 대부분 올리브 나무다. 요새 입구에 있는 굴뚝 모양은 미나렛으로 오래된 이슬람 사원이 있다. 시와에서 가장 오래된 유적이자 케르셰프로 지은 세계에서 가장 오래된 사원이기도 하다.

주소 Matrouh **오픈** 24시간 **요금** 무료

아문 신전
Oracle Temple (Coronation Hall of Alexander)

기원전 6세기에 지어진 신전으로 지금은 기둥 몇 개만 남아 있다. 기원전 331년 알렉산더 대왕이 아몬 신에게 신탁하기 위해 8일간 사막을 가로질러 이곳에 왔다. 아몬 신전에서 신탁을 받은 후 자신이 아몬 신의 아들이라고 선포한 곳이다. 신전에 오르면 빼곡히 둘러싼 대추야자 나무를 볼 수 있다.

주소 Matrouh **오픈** 09:00~17:00 **요금** 성인 100파운드, 학생 50파운드

죽음의 산 ⭐
Gebel al Mawta (Mountain of the Death)

시와로 이주해 살던 로마, 그리스 상인의 무덤으로 고대 이집트 26왕조 때 지어졌다. 2차 세계대전 중 이탈리아 군이 오아시스를 폭격했을 때 시아파 사람들의 은신처로 사용됐다. 바위를 깎아 만든 무덤으로 복도를 따라 6개의 매장실이 있고, 그중 하나인 시 아문의 무덤에는 아름다운 벽화가 남아 있는데 신에게 제물을 바치고 기도하는 모습이 그려져 있다.

주소 Matrouh **오픈** 09:00~17:00 **요금** 성인 120파운드, 학생 60파운드

파트나스 섬 ⭐
Fatnas Island

노을이 질 때 가장 아름다운 곳으로 해가 질 무렵 시와의 모든 여행자가 몰려드는 곳이자 일반 투어의 마지막 코스이기도 하다. 섬으로 들어가면 옴란 카페 Omran cafe 의자가 강변에 놓여 있는데 주스나 스무디, 차, 커피를 마실 수 있다.

주소 Matrouh **오픈** 09:00~17:00
요금 무료

소금 호수 ⭐
Salt Lake

소금을 긁어낸 곳에 물이 고여 만들어진 곳으로 에메랄드 빛 물색이 비현실적으로 아름다운 곳이다. 한 장소를 지칭하는 것은 아니고 여러 소금 호수 중 한 곳에 가서 수영할 수 있다. 중간 부분은 수심이 깊고 염분 농도가 95%에 달해 몸이 둥둥 뜬다. 입수할 때 퇴적된 소금을 짚을 경우 날카로워서 다칠 수 있고 상처가 있거나 눈에 들어가면 고통스러우니 조심하자. 탈의실이나 씻을 수 있는 곳이 없으니 수영복이나 입수할 때 입을 옷을 미리 입고 가는 게 좋다.

주소 Matrouh **오픈** 24시간 **요금** 무료

클레오파트라 풀
Cleopatra's Spring

믿거나 말거나, 클레오파트라 여왕이 목욕했다는 둥근 원형 온천이다. 소금 호수에서 수영 후 소금기를 없애기 위해 가는 곳으로 수심이 깊은 편이니 수영을 하지 못한다면 조심하자. 이곳을 둘러싸고 카페와 기념품 가게가 있어서 잠시 쉬어가기 좋다.

주소 Matrouh **오픈** 24시간 **요금** 무료

아만 약덴
Aman Yakden

뜨거운 눈이라는 뜻의 작은 온천으로 소금 호수에서 수영 후 클레오파트라 풀에서 수영하기 어려울 때 들르기 좋다. 약 45도의 황산수가 펑펑 쏟아져 나오는데, 중간 부분은 수심이 깊으니 조심하자. 온천 후 옆에 있는 탈의실을 이용할 수 있다.

주소 Matrouh **오픈** 11:00~01:00 **요금** 100파운드

시와 사막 사파리 ⭐
Desert Safari in Siwa Oasis

대개 오후 3~4시에 출발해 다음 날 아침 8시쯤 돌아오는 1박 2일 코스로 4인승 지프를 이용한다. 사막 캠프에서 자거나 모래 위에 텐트를 치고 자는데 이에 따라 비용 차이가 있다. 샌드 보딩과 노을을 보며 마시는 홍차, 석식과 조식이 포함되어 있고 모기약은 제공되지 않는다. 오아시스 근처 깨끗한 모래 언덕에 구멍을 낸 후 10~15분 정도 얼굴을 제외한 몸을 모래로 덮고 찜질하기도 하는데 이는 현지인들이 수세대에 걸쳐 행한 민간요법이다. 국경 지역인 만큼 이슈가 있으면 사막 숙박이 불가할 때도 많다.

🍽 추천 식당

사막 지역이라 메뉴가 한정적이고 가격대가 높은 편이다. 작은 마을이라 선택지가 많지 않아 성수기에는 오래 기다려야 할 때도 있다.

티키야 엘 아미르 레스토랑 🌟
Tekeyet Elamir Restaurant

시와에서 가장 깔끔한 레스토랑으로 1층과 2층 분위기가 많이 다르니 둘러보고 마음에 드는 곳에 앉는 게 좋다. 따진, 꾸스꾸스, 피자 등 식사 메뉴와 옴알리, 브라우니, 크레페 등 간단한 간식도 판매한다.

주소 El Taba el Kebera St. **전화** +20 1001311739 **오픈** 09:00~00:00

압두 레스토랑 🌟
Abdu Restaurant

예전에는 밤마다 사람들이 모여서 이야기를 나누던 마을의 중심이었다. 이 동네에서 가장 오래된 레스토랑으로 아침 식사, 전통 요리, 꾸스꾸스, 피자, 파스타 등 다양한 메뉴가 있다. 식사 시간에는 단체 여행객 때문에 자리가 없는 경우가 많으니 이를 피해 가는 게 좋다.

주소 Matrouh Governorate **전화** +20 1067438789 **오픈** 08:00~01:00

주바나 카페
Jubana Cafe

클레오파트라 온천 옆 카페로 카펫을 깔고 앉는 2층에 올라가면 사막 분위기를 제대로 느낄 수 있다. 커피와 주스를 마실 수 있고, 식사는 판매하지 않는다. 바로 앞에 위치한 'Tit N Guba' 카페도 비슷한 메뉴를 판매하니, 사람이 많다면 그곳을 이용하는 게 좋다.

주소 Matrouh Governorate 오픈 10:00~20:00

알 바빈샬 레스토랑
Al Bab inshal Restaurant

시내 한가운데 있어서 접근성이 좋은 곳으로 선선한 저녁에 성채를 바라보며 식사를 즐길 수 있다. 가격도 저렴하다.

주소 Matrouh Governorate 전화 +20 464601499
오픈 08:00~01:00

올라 레스토랑
OLA restaurant

넓은 마당에 뚝뚝 떨어진 좌석 배치가 인상적인 곳으로 따진, 물루헤야, 바비큐 등 다양한 메뉴를 맛볼 수 있다. 저녁에는 모기가 있으니 긴 바지를 입고 가는 게 좋다.

주소 Infront of Palm Trees hotel 전화 +20 1008691610
오픈 12:00~23:00

타지리 에코빌리지 레스토랑
Taziry Ecovillages Restaurant

타지리 에코 빌리지 시와 호텔 내에 있는 레스토랑으로 모로코에서 온 셰프가 운영하는 레스토랑은 시와 최고의 맛집으로 손꼽힌다. 가격대가 높은 편이지만 예약 시 식당만 이용할 수도 있다.

주소 Gaafar Mountain 전화 +20 1016333201

추천 숙소

전통 방식으로 지은 곳과 현대식 건물로 지은 곳이 있는데, 시와 분위기를 느끼고 싶다면 전통 방식으로 지은 곳에 묵어보자.

갈리엣 에코롯지 & 스파 ⭐
Ghaliet Ecolodge & Spa

시내에서 뚝뚝으로 약 10분 거리에 위치한 곳으로 아기자기하게 꾸며진 정원이 돋보이는 곳이다. 전통 방식으로 지어진 집은 깨끗한 편은 아니지만 곳곳에 신경을 쓴 흔적을 느낄 수 있다. 특히 화장실 천장이 통유리로 되어 있다. 물은 다른 호텔과 마찬가지로 염분이 섞여 있다. 조식은 오믈렛, 빵과 이집트 전통 음식 몇 가지가 제공되는데 알찬 편이다. 시끄러운 시내에서 벗어나 2층 테라스에서 바라보는 뷰는 시와에서 가장 평화로운 순간을 보낼 수 있다.

주소 Matrouh Governorate **전화** +20 22736 7879 @ghaliet_ecolodge

알 바빈샬 롯지 시와
Al babenshal Lodge Siwa

시와 시내에 위치한 숙소 중 최근에 시설을 정비해 깔끔한 편이다. 시내에 위치해 일정이 짧을 때 이용하기 편리하지만 차량 소리가 시끄러우니 소음에 취약하다면 추천하지 않는다.

주소 Matrouh Governorate **전화** +20 0464601499

아드레레 아멜랄
Adrére Amellal

시와에서 가장 독특한 숙소로 특별한 경험을 하고 싶다면 사암과 모래로 만든 이곳에 묵어보자. 시와 시내에서는 차로 50분 정도 소요되기 때문에 일정을 마치고 하루 정도 묵는 것을 추천한다.

주소 Gaafar Mountain, Siwa Matrouh Governorate **전화** +20 22736 7879 **홈페이지** www.adrereamellal.net

타지리 에코빌리지 시와
Taziry Ecovillages Siwa

건물을 보호하기 위해 주방을 제외한 곳에서는 전기도 사용하지 않으며, 밤이면 칠흑 같은 어둠 속에서 온전히 자연을 느낄 수 있는 곳이다.

주소 Gaafar Mountain **전화** +20 1016333201 **홈페이지** www.taziry.com

룩소르
Luxor الأقصر

이집트 문명의 전성기를 누린 유적 도시

룩소르는 이집트 문명의 전성기를 누렸던 수도인 만큼 현재도 수많은 유적이 건재하는 거대한 노천 박물관이다. 크게 나일강을 기준으로 서안과 동안으로 나뉘는데, 신전 유적이 주를 이루는 동안을 아크로폴리스, 암굴 무덤과 장제전이 있는 서안을 죽은 자들의 도시인 네크로폴리스라고 부른다.

룩소르 BEST 3

1. 카르낙 신전 방문하기
2. 왕가의 무덤 방문하기
3. 열기구 타고 유적지 둘러보기

• 룩소르 드나들기 •

룩소르 국제공항 Luxor International Airport (LXR)

도심에서 약 9km 떨어진 곳으로 굵직한 유적지가 많은 도시이기 때문에 유럽, 터키, 중동 등 다양한 국제 항공편이 활발히 드나든다. 출국 시 여러 번 보안 검사 후 이름, 국적, 여권번호를 적어야 하니 시간 여유를 두고 가는 것이 좋다.

공항에서 시내로 이동하기

택시나 픽업 서비스를 이용할 수 있다. 룩소르는 우버를 사용할 수 없으니 카림Careem이니 인드라이브InDrive 같은 대체 앱은 이용 가능하다. 택시는 50~70파운드이나 300파운드 이상 부르는 경우가 많아서 흥정이 필요하고, 여행사나 호텔 픽업 서비스는 인원에 따라 다르나 한 대당 $20~30로 책정되어 있다. 시내까지는 약 20분 소요된다.

한국어 투어

룩소르는 크게 동안, 서안으로 나누어 구경할 수 있다. 유적지 거리가 멀지 않은 동안에 비해 서안은 볼거리들의 거리가 떨어져 있어서 투어를 이용하는 것이 효율적이다. 자세히 알지 못하면 모두 비슷비슷한 신전과 무덤처럼 보이기에 한국어로 설명을 들을 수 있는 한국어 투어를 추천한다. 이틀에 나누어 구경할 수 있지만 시간이 촉박하면 오전에 서안, 오후에 동안 지역을 둘러보는 것도 가능하다. 룩소르에서 한국어 투어를 진행하는 공인 가이드는 2명으로 각자 네이버카페와 카카오톡을 통해 예약할 수 있다. 이들은 한국에서 거주한 적이 있고, 10년 이상 가이드로 근무하여 한국어가 매우 능통하고 시간 관리에 능하다. 룩소르와 아스완을 오가는 나일강 크루즈와 펠루카, 벌룬 투어도 예약할 수 있다.

아무르 투어 카카오톡 amrtour 📷 @amrtour_korea
지성 투어 카카오톡 luxorjiseong

시외 교통

후루가다나 아스완으로 이동할 때는 버스나 렌트카가 편리하고, 카이로 등 장거리는 항공편으로 이동하는 것이 편리하다.

버스
고버스나 블루 버스를 이용할 수 있다. 버스 운행 시간과 가격은 해당 노선의 공식 홈페이지나 모바일 앱에서 확인할 수 있다.

기차
룩소르-아스완은 시간이 애매한 편이고, 카이로-룩소르 구간 슬리핑 기차는 항공 가격과 비슷해 이용할 일이 많지 않다.

시내 교통

동안과 서안을 다니는 미니버스가 있지만 여행자가 이용하기는 쉽지 않다. 가까운 거리는 택시나 앱을 이용하고, 동안과 서안 이동 시는 나일강을 가로지르는 펠루카를 이용하는 게 좋다.

택시
여러 볼거리를 둘러볼 때는 가고 싶은 곳을 협의한 후 택시를 하루 대절하는 게 효율적이다. 특히 서안 지구는 도심에서 떨어져 있어서 앱을 이용해도 돌아오는 교통편을 찾기 어려울 때가 많다.

룩소르에서 흔한 사기법

이집션 바자르 보러 갈래?
이집트에는 강력 범죄가 많지 않고, 좋은 의도로 친절을 베푸는 사람들이 많다. 하지만 여행지에서 모르는 사람을 따라가는 것은 위험할 수 있다. 시장 구경 좋아하는 것을 알고 현지 시장을 보여주겠다고 접근해 으슥한 곳으로 끌고가 돈을 요구하거나 바가지를 씌우는 경우가 있으니 조심하자.

룩소르 패스
여권 사본 1장이면 만들 수 있는데, 가지고 있는 장수를 물어보고 그 이상 필요하다며 팁을 요구하는 경우가 종종 있다. 넉넉하게 준비한 후, 몇 장 필요한지 먼저 물어보고 개수만큼 제출하는 것을 추천한다. 카이로 패스도 원본을 제출하면 되는데 복사해야 한다고 말하는 경우도 있다.

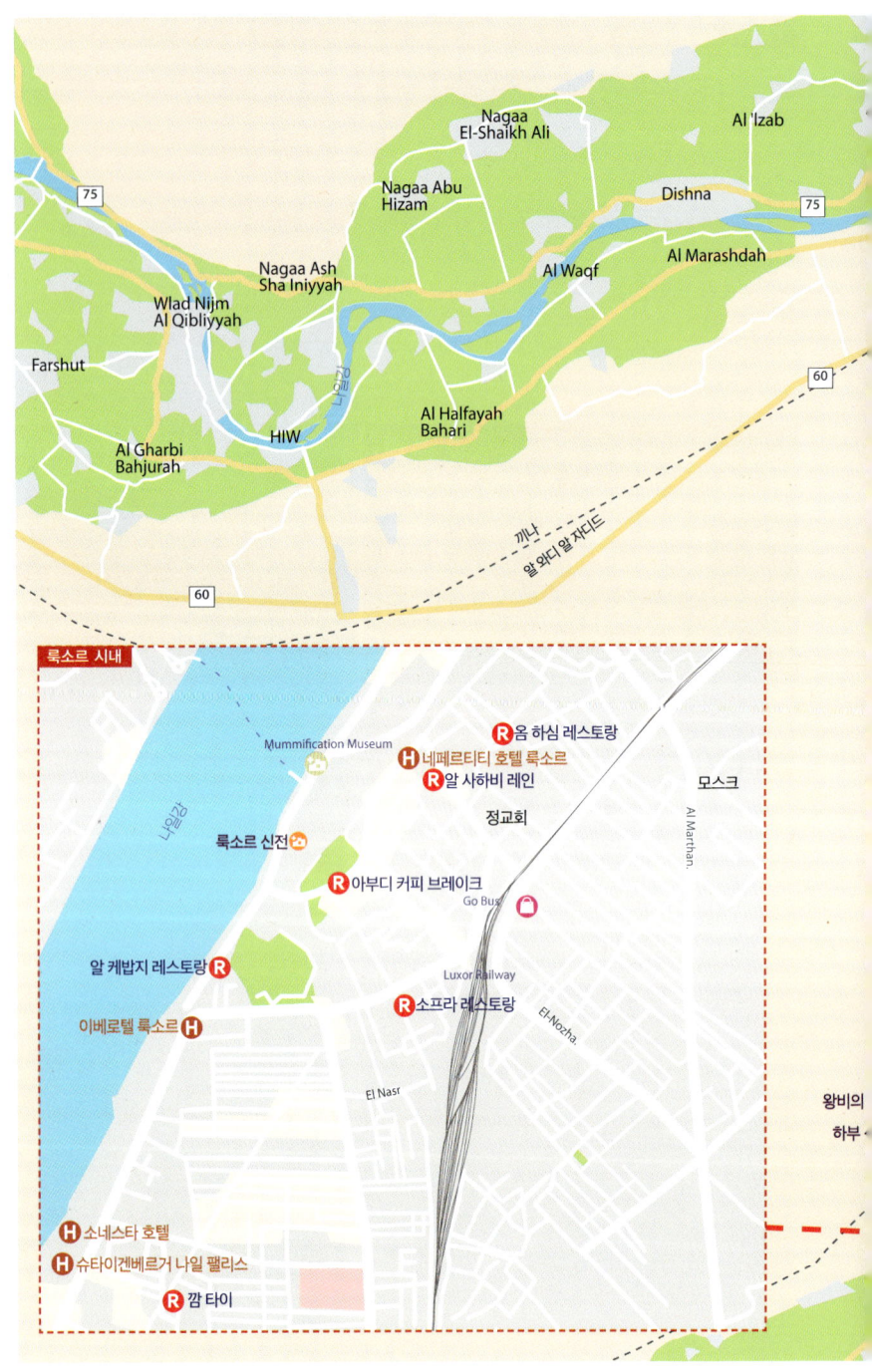

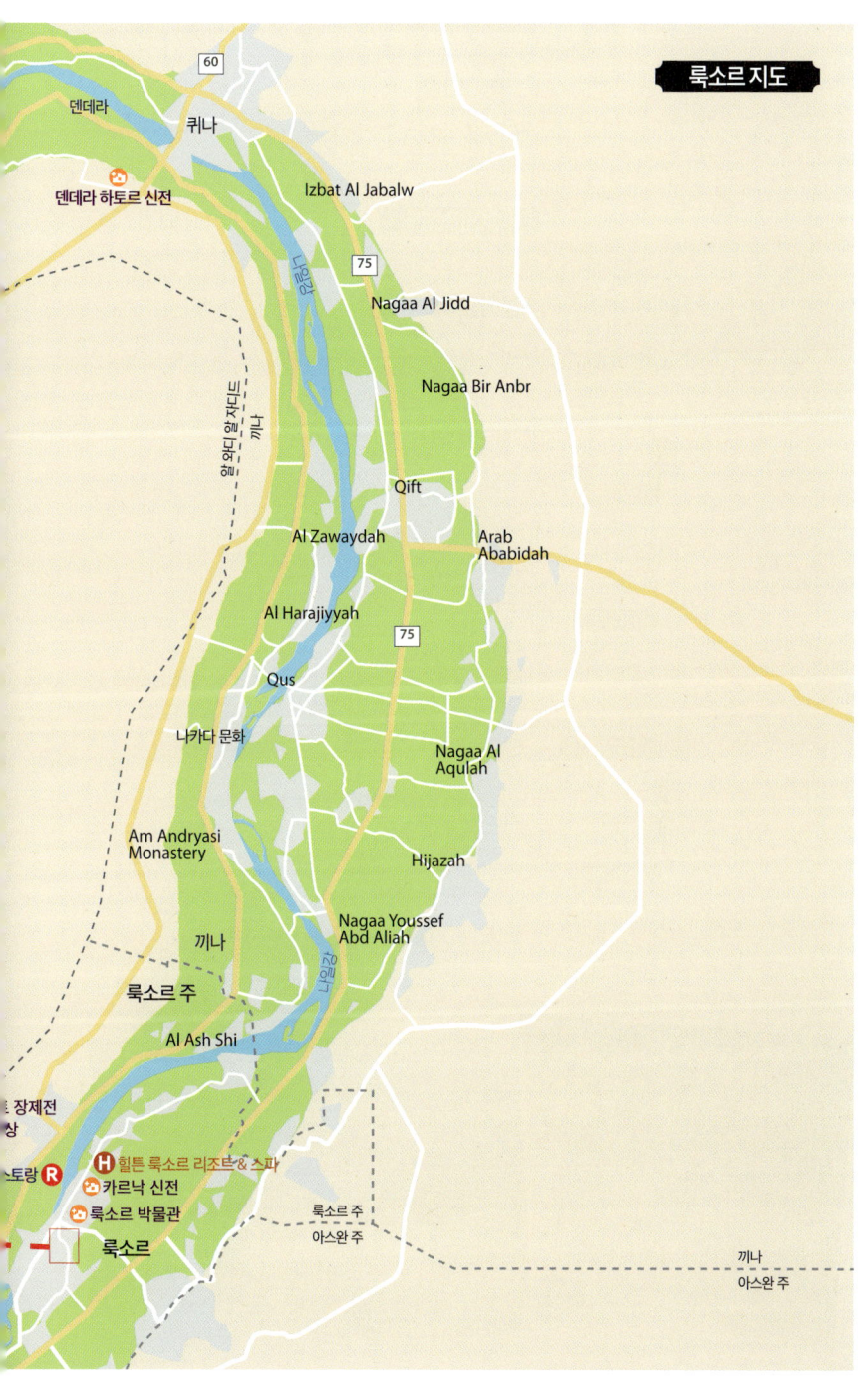

룩소르
추천 코스

• COURSE •

왕가의 계곡

차량 10분 ↓

핫셉수트 장제전

차량 7분 ↓

하부 신전

차량 2분 ↓

멤논의 거상

차량 45분 / 보트 5분 ↓

카르낙 신전

차량 7분 ↓

룩소르 신전

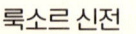

East Hill District
동안 지구

카르낙 신전 🏛 ⭐
Karnak Temple

테베의 3대 수호신인 아문, 아내 무트, 아들 콘수 신에게 봉헌한 곳으로 룩소르의 대표 신전이다. 아문의 성역을 중심으로 북쪽에는 멘투, 남쪽에는 무트의 성역이 있는데, 아문 대신전에 비해 규모가 작은 편이다. 제12왕조에 처음 세워졌으나 약 2000년에 걸쳐 투트모세 3세, 핫셉수트, 람세스 2세 등 약 30명의 파라오가 왕권 강화 및 국가의 번영을 기원하며 증축하여, 여러 시대의 건축 양식이 혼재된 거대 신전이 되었다. 그중 가장 규모가 큰 아문 대신전에는 스핑크스 길, 열 개의 탑문, 2개의 마당, 2개의 기둥 홀, 3개의 오벨리스크, 1개의 연못 그리고 오페트 신전, 람세스 3세 신전 등 다양한 신전이 있다. 운하로 나일강과 연결되어 있고, 람세스 2세가 만든 아문 신을 상징하는 숫양의 머리를 가진 스핑크스가 신전 앞에 세워져 있다. 이 스핑크스 길은 원래 약 3km 떨어진 룩소르 신전까지 연결되어 있었으나 현재는 일부만 복원되었다.

주소 Luxor Governorate **전화** +20 222617304 **오픈** 06:00~17:00(매표소 마감 16:00) **요금** 성인 600파운드, 학생 300파운드

이집트 신전에는 왜 기둥이 많을까?
고대 이집트 창조신화에 의하면, 거대한 기둥이 하늘을 받치고 이를 통해 하늘에 도달할 수 있다고 믿었기 때문이다. 기둥의 모양은 파피루스와 연꽃으로 각각 상이집트와 하이집트의 상징이다.

첫 번째 탑문 Pylon 1

아문 대신전 입구인 첫 번째 탑은 제30왕조 초대 파라오인 넥타네보 1세가 세운 것으로 높이 43m, 폭 113m로 이집트에서 가장 규모가 크다. 탑문 앞에는 세티 1세가 세운 오벨리스크가 있는데, 그곳에 나일강으로 가는 운하의 선착장이 있어서 배로 신전에 도착할 수 있는 구조였다. 탑문 위쪽에는 나폴레옹 원정군이 새긴 비문이 남아 있다. 첫째 탑문을 지나면 신왕국 제22왕조 때 증축한 첫째 마당이 나오는데, 오페트 축제 때 사용할 성스러운 배를 두던 곳으로 원기둥과 스핑크스가 줄을 지어 있고, 람세스 3세 신전이 있다. 신전 입구에는 동상이 2개 세워져 있고, 신전 안에는 부활 과정을 마친 오시리스 형상의 파라오 석상들이 있다. 원기둥 중 가장 오른쪽에는 사암을 층층이 쌓아올린 미완성 기둥이 있어서 조각 과정을 알 수 있다. 두 번째 탑문은 신왕국 제18왕조의 마지막 파라오인 호렘헤브가 시작해 제19왕조 람세스 2세가 완공하였다. 탑문 앞에는 람세스 2세 거상이 있는데, 다리 사이에 조각된 사람은 딸이자 왕비였던 빈타나트다. 원래는 2개였으나 현재 다른 하나는 파괴되어 다리만 남아 있다. 사원 곳곳에 남아 있는 미완성 흔적은 후대에 건축 방법을 알리기 위해 남겨둔 것이라고 한다.

두 번째 탑문 Pylon 2

둘째 탑문을 지나면 열주실이 나오는데, 이것은 세티 1세 때 시작해 람세스 2세 때 완공되었다. 134개의 거대한 열주가 줄을 지어 서 있고, 파피루스 기둥 12개가 있는데 만개한 파피루스 꽃 모양을 한 기둥머리는 둘레가 15m에 달한다. 이를 기준으로 양옆에 람세스 2세가 세운 기둥 122개가 있다. 원래 지붕으로 덮여 있었고, 중앙에 있는 12개 원기둥을 다른 기둥보다 높게 만들어 빛이 들어오도록 설계되었으나 지금은 붕괴되어 흔적만 남아 있다. 이 외에도 모두 10개의 탑문이 세워져 있는데, 셋째 탑문과 넷째 탑문 사이에는 기원전 13세기 투트모세 3세가 세운 오벨리스크가 있고, 넷째와 다섯째 탑문 사이에는 핫셉수트 여왕이 세운 오벨리스크가 있다. 원래 2개씩 만들었으나 무너지고 하나씩 남이 있다.

지성소 Holy of Holies

지성소 남쪽 방향에서는 제사장들이 종교 의식을 거행하기 전 목욕재계하던 성스러운 호수를 볼 수 있다. 옆에는 신성시 여기던 쇠똥구리 조각상이 있는데 이를 반시계 방향으로 3번 돌면 결혼하고, 5번 돌면 불임 치료가 되고, 7번 돌면 소원이 이루어진다는 말이 있어 주변이 늘 사람들로 붐빈다. 카르낙 신전은 애거사 크리스티의 소설 및 영화 '나일강의 죽음'에 등장한 곳이기도 하다.

오페트 축제

신왕국시대부터 매년 나일강이 범람하기 시작하면 수확제를 열었다. 황금으로 만든 아문, 무트, 콘스 신상을 성스러운 모형배에 싣고 카르낙 신전에서부터 룩소르 신전까지 약 3km에 달하는 스핑크스 길을 통해 운반했다. 배가 룩소르 신전에 도착하면 11일간 꽃과 술, 고기 등을 바치고 은총을 받기 위해 축제를 열었다. 축제의 모습은 룩소르 신전 열주실 벽에 자세히 새겨져 있다. 축제 시 아문 신은 파라오의 힘을 부활시키는 의식을 거행하여 파라오와 아문 신이 하나라는 것을 각인시켰다. 오페트 축제는 이후 유럽의 사육제의 기원이 되었다.

룩소르 신전 🏛 ⭐
Luxor Temple

파라오 아멘호테프 3세 때 테베의 3주신인 아문, 무트, 콘수를 위해 지은 사원으로 람세스 2세를 비롯해 투탕카멘, 알렉산더 대왕 등 여러 사람에 의해 증축되었다. 오페트 축제 때 사용하기 위해 지은 곳이나 로마가 쳐들어왔을 때는 로마 정부의 요새와 교회로 사용되었고, 이후 이슬람 지배를 받으며 모스크로 사용되기도 했다. 첫 번째 탑문 앞에는 람세스 2세 석상이 있는데 가장 오른쪽에 있는것만 원본이다. 원래 2개의 오벨리스크가 있었는데, 1829년 프랑스에 선물해서 현재 파리 콩코드 광장에 있다. 안으로 들어가면 3주신의 사당과 4개의 파피루스 기둥이 세워져 있고, 제2탑문을 통과하면 왕의 이름이 새겨진 14개의 기둥이 있다. 다음은 신전에서 가장 중요한 아멘호테프 3세의 지성소가 있는데, 입구에서 지성소까지 거리는 약 260m다. 이곳은 기원전 4세기 무렵, 콥트교회 예배 장소로 사용되어 대들보에 예수와 열두 제자 및 십자가의 흔적이 남아 있다. 지성소는 신이 머무는 곳으로 신상이 세워져 있고 아멘호테프 3세와 알렉산더 대왕의 이름이 새겨져 있다. 또한 마미지라 불리는 방이 있는데, 이는 콥트어로 '탄생의 장소'라는 뜻으로 파라오가 신의 아들로 탄생했다는 것을 정당화하기 위해 만들었다. 낮보다 조명이 켜진 밤에 보는 것이 훨씬 웅장하다.

주소 Luxor Governorate **오픈** 06:00~20:00(매표소 마감 19:30) **요금** 성인 500파운드, 학생 250파운드

룩소르 박물관
Luxor Museum

1975년에 개관한 곳으로 룩소르 일대에서 발굴된 유물이 전시되어 있다. 제일 먼저 상영관에서 룩소르 역사에 관련된 영상을 보고 관람할 수 있는데, 아멘호테프 3세 상과 투탕카멘 입상, 오벨리스크 등을 볼 수 있다. 미라 박물관에서는 미라 만드는 과정을 비롯해 여러 미라를 볼 수 있다.

주소 Kornish Al Nile **전화** +20 952370569 **오픈** 09:00~13:00, 17:00~21:00 **요금** 성인 400파운드, 학생 200파운드

색다른 투어 즐기기

펠루카 투어

1시간 반에서 2시간 정도 옛 방식에 따라 바람으로 움직이는 나룻배인 펠루카를 타고 나일강 위를 유영하는 투어로 룩소르에서 노을을 즐기기에 가장 좋은 방법이다. 투어 시 바나나섬(입장료 150파운드)에 가는데 악어, 낙타, 원숭이를 볼 수 있고, 바나나도 먹을 수 있다. 바람이 많이 부는 날 타는 것이 좋다.

벌룬 투어

새벽 4시 호텔에서 픽업해 보트를 타고 서안으로 이동해 탑승하는 것으로 다양한 유적지와 사막과 초록의 경계를 뚜렷하게 볼 수 있어 인기가 많다. 약 45분 탑승한다. 날씨가 쌀쌀한 편이니 따뜻한 옷을 챙기는 게 좋다. 같은 날 서안 투어를 진행해 멤논의 거상에서 시간을 보내야 한다면 근처에 있는 '알리바바 카페'가 아침 일찍 문을 여니 이곳을 이용하는 것을 추천한다.

West Hill District
서안 지구

왕가의 계곡 🏛 ⭐
Valley of the Kings

고대 이집트인들은 죽음 이후에 영혼이 부활해 영생한다고 믿었기 때문에 무덤을 죽은 후에 살 집으로 만들었다. 생전에 살던 집처럼 꾸미고 일꾼의 석상까지 만들어 함께 묻었다. 산꼭대기가 피라미드처럼 생긴 바위 계곡에 구멍을 내어 암굴 무덤을 만들었지만 대부분 도굴당했다. 무덤은 겉에서 전혀 보이지 않는데, 기본 구조는 입구를 통과해 계단과 통로를 따라 내려가고 가장 안쪽에 미라가 안치되어 있다. 암굴 무덤 내 벽은 매우 화려하게 장식되어 있는데 '사자의 서'를 비롯해 죽음과 부활, 영생에 관련된 벽화가 주를 이룬다. 매표소에서 유적지까지 이동할 때는 버기를 탈 수 있는데, 무덤을 볼 때 계속 계단을 오르내려야 하니 이동은 편하게 하는 것을 추천한다. 무덤 근처에도 화장실이 있지만 건물 쪽이 더 깨끗하니 미리 이용하는 게 좋다. 이집트 유물 중 가장 인기 많은 투탕카멘의 무덤도 이곳에 있는데 별도의 입장권을 구입해야 한다. 9세에 파라오가 된 투탕카멘은 18세에 단명해 존재감이 크지 않았다. 무덤 또한 크지 않았기 때문에 3300여 년 동안 묻혀 있다가 완벽한 보존 상태로 발견되었다. 투탕카멘 무덤(KV62)에서 발굴한 유물은 카이로 박물관으로 이관하여 무덤 내부에는 벽화와 미라 외에 큰 볼거리는 없다. 입장권을 구입하면 63개 무덤 중 3개를 방문할 수 있는데, 람세스 9세(KV6), 람세스 3세(KV11), 람세스 2세의 아들 미린비타(KV8) 중에 고르는 것을 추천한다. 람세스 5, 6세(성인 220파운드, 학생 110파운드), 세티 1세(KV17)(성인·학생 2,000파운드) 그리고 투탕카멘(KV62)(성인 700파운드, 학생 350파운드)은 추가로 티켓을 구입해야 들어갈 수 있다.

주소 Luxor Governorate **오픈** 06:00~17:00(매표소 마감 16:00) **요금** 성인 750파운드, 학생 375파운드, 버기 20파운드

왕비의 계곡 🏛
The Valley of the Queens

왕을 모신 왕가의 계곡처럼 왕비의 무덤이 모여 있는 왕실 묘지로 고대 이집트인들은 이곳을 '타 세트 네페르', 아름다운 장소라 불렀다. 이곳이 왕실 묘지로 채택된 이유는 계곡 동굴 무덤의 수호 여신인 하토르의 배와 자궁을 닮았고, 그곳에서 흘러나온 물이 죽은 자를 부활시킨다고 믿었기 때문이다. 왕가의 계곡에 비해 많은 여행자가 찾는 곳은 아니지만 람세스 2세가 가장 사랑했던 왕비인 네페르타리 무덤은 놓치기 아쉬울 정도로 아름답다. 또한, 제19왕조 시대 주요 신의 모습과 역할과 사후 세계를 묘사한 벽화 중에서 최고의 보존 상태를 유지하여 엄청난 고고학적 가치를 담고 있다. 왕비의 계곡은 대부분 18~20왕조 무덤으로 약 100개로 추정되지만 현재 공개된 무덤은 5개뿐이다. 네페르타리 무덤은 당분간 보수 공사 중이라 입장이 불가하니 현지에서 입장 여부를 확인하는 것이 좋다.

주소 Kings Valley Rd. **오픈** 06:00~17:00 **요금** 성인 220파운드, 학생 110파운드

멤논의 거상
Colossi of Memnon

높이 24m의 석상으로 기원전 14세기 아멘호테프 3세 장제전 앞에 있었는데, 신전은 부서지고 석상만 덩그러니 남아 있다. 옛 그리스인들은 새벽에 이곳을 지나면 새벽의 신인 이오스 여신의 울음소리가 들린다고 했는데 이는 석상에 생긴 틈으로 바람이 스치며 내는 소리였다. 이들은 이슬이 맺혀 떨어지는 것을 보고 석상이 운다고 생각하기도 했다. 2023년 말, 방치되었던 유적 뒤편에서 새로운 유적이 발견되어 발굴 작업이 진행 중이다.

주소 Luxor Governorate **오픈** 24시간 **요금** 무료

하부 신전 ⭐
Medinet Habu Temple

람세스 3세의 전쟁 업적을 기리기 위해 만든 곳으로 아문 신과 관련된 최초의 건축물이다. 이중 벽으로 둘러싸여 요새와 같은 구조를 가졌고, 절정기에는 왕궁을 비롯해 사제와 관리를 위해 숙소, 작업실, 사원, 창고 등이 있었다. 수세기 동안 테베 경제 생활의 중심지였다. 다른 사원에 비해 색채가 많이 남아 있어 화려한 벽화를 자랑한다. 입장표 구입하는 곳이 입구와 먼 편이니, 바로 입구로 가지 말고 근처에서 매표소를 찾아 구입 후에 이동하자.

주소 Al Bairat, Al Qarna **오픈** 06:00~17:00 **요금** 성인 220파운드, 학생 110파운드

핫셉수트 장제전 ⭐
Mortuary Temple of Hatshepsut

이집트 제18왕조 파라오인 핫셉수트 여왕의 장례식을 위해 만든 장제전이다. 남편인 투트모세 2세가 돌연 사망하고 투트모세 3세가 왕권을 이어받았지만 그의 나이가 너무 어려서 섭정을 하다가 직접 파라오가 되었다. 여자가 파라오가 되는 걸 받아들이지 못하는 사람들을 위해 가짜 수염을 붙이고 남장을 했으며, 자신을 신이 낳은 존재라고 주장한 내용이 벽화로 남아 있다. 무역에 뛰어난 능력을 펼친 왕이나 핫셉수트가 죽고난 후 투트모세 3세는 많은 유적지에서 핫셉수트의 얼굴과 카르투시를 훼손했다. 다른 파라오의 장제전과 달리 총 3층으로 된 테라스 형식으로 지어졌다. 핫셉수트의 얼굴을 조각한 스핑크스를 지나 야트막한 언덕을 올라가면 3층으로 된 3개의 테라스와 아문신의 사당, 벽화와 돋새김으로 장식된 기둥을 볼 수 있다. 제 2테라스를 마주보고 왼쪽은 하토르 여신의 기둥, 오른쪽은 저승의 신인 아누비스 신전이 있다. 제3테라스 앞에 세워둔 오시리스 신이 된 핫셉수트의 석상을 볼 수 있다. 입구에 자그마한 울타리를 친 나무는 3500년 된 나무로 소말리아에서 가져온 것이다.

🚕 Kings Valley Rd. 오픈 06:00~17:00 요금 성인 440파운드, 학생 220파운드

덴데라 하토르 신전
Dendera Temple Complex

태양신 라의 딸로 소뿔 모양의 관을 쓰거나 소의 형상으로 그려지는 호루스 신의 아내, 사랑의 신 하토르에게 봉헌된 신전으로 화려한 내부 장식이 돋보이는 곳이다. 파라오 시대 때 지었으나 무너지고 프톨레마이오스 시대에 재건했다. 앙크가 새겨진 탑문과 2개의 오벨리스크를 지나면, 넓은 광장을 따라 하토르 여신의 얼굴이 새겨진 기둥 안 열주실로 이어진다. 신에게 바칠 공물을 저장하던 방을 지나면 가장 안쪽에 신이 머무는 지성소가 있다. 뒤편으로 가면 클레오파트라와 시저의 아들 카이사리온이 새겨져 있다. 양 끝에 왕과 왕비가 있고 그 앞에서 공물을 바치고 있는데, 이 중 왼쪽 끝이 클레오파트라와 카이사리온이다. 2층으로 올라가면 고대 이집트 시대에 천장에 조각한 천궁도를 볼 수 있다.

주소 Luxor Governorate **오픈** 06:00~17:00(매표소 마감 16:00) **요금** 성인 300파운드, 학생 150파운드

나일강 크루즈 Nile River Cruise

나일강을 따라 룩소르에서 아스완 사이를 오가는 리버 크루즈로 기항지인 에드푸, 콤옴보, 아부 심벨을 함께 둘러볼 수 있다. 대개 3박 4일 또는 4박 5일 일정으로 진행되고, 계약 시 숙소와 식사, 선내 프로그램이 포함되어 있다. 일정은 비슷하나 크루즈 종류와 가격은 천차만별로 흥정을 해서 예약할 수 있다. 흥정이 어렵다면 정찰제로 운영하는 한국어 가이드를 통해 예약할 수 있다. 간혹 아스완에서 출발 직전까지 손님이 다 차지 않을 경우, 2박 3일 일정으로 탑승을 시켜주는 경우가 있으나 일정이 꼬일 수 있으니 안전하게 예약하는 것을 추천한다. 저녁 식사 때는 깔끔한 차림으로 가는 것이 좋으니 정장은 아니더라도 면바지, 원피스 한 벌 정도는 챙겨가는 게 좋다.

> 룩소르 → 아스완 4박 5일
> 아스완 → 룩소르 3박 4일

크루즈 체크인
크루즈에 탑승하는 첫날은 해당 도시에서 하룻밤 정박하니 원하면 다음 날 배 출발 시간에 맞춰 탑승할 수 있다.

객실, 부대 시설
엘리베이터가 없는 크루즈가 많지만 위로 올라갈수록 뷰가 좋기 때문에 감수할 만하다. 크루즈 등급에 따라 대개 지하 1층부터 3층으로 이루어져 있는데, 지하에는 식당이 있고, 1층은 리셉션, 2·3층은 객실, 옥상은 선데크로 수영장과 선베드가 비치되어 있다. 사우나와 헬스장이 있는 크루즈도 있다. 매일 일정을 진행하고 오면 방을 청소해둔다.

크루즈 식사
룩소르 출발은 4박 5일, 아스완 출발은 3박 4일간 식사가 포함된다. 아부 심벨 가는 날은 새벽 출발이라 도시락을 준비해 준다. 주로 뷔페로 구성되어 있고 룩소르 출발 시 한 끼 정도 코스 요리가 나오는 편이다. 음료나 주류는 불포함이고 럭셔리 등급은 파스타나 특별식 스테이션도 있다. 크루즈를 타는 내내 지정석에 앉는 시스템이다.

선내 프로그램
낮에는 기항지 투어가 이루어지고, 저녁에는 밸리 댄스, 칵테일 파티, 레크리에이션 등 크루즈에서 운영하는 자체 프로그램이 있어서 다국적 여행자와 어울려 시간을 보낼 수 있다.

에스나 운하

나일강 크루즈의 또 다른 재미는 에스나 운하를 지나간다는 점이다. 수문을 닫고 물을 채워 수위를 8m 올린 후 반대편 문을 열고 나가는 것으로 선데크에서 자세히 볼 수 있다. 줄을 서서 지나가야 해서 정해진 시간은 없지만 직원에게 문의하면 대략적인 시간을 알 수 있다. 배가 서 있는 틈새를 노려 나룻배를 타고 장사를 하러 오는 상인들도 있다.

크루즈 추천

Ms Tulip Nile Cruise	Alyssa Nile Cruise
Ms Farah Nile Cruise	Ms Concerto Nile Cruise
Ms Mayfair Nile Cruise	Ms semiramis Nile Cruise
Ms Tamr Henna	Ms Blue Shadow Nile Cruise

🍴 추천 식당

나일강을 따라 근사한 레스토랑이 꽤 많은 편으로 눈과 입을 동시에 만족시킨다.

알 케밥지 레스토랑 ⭐
Restaurant El-Kababgy Luxor

나일강변에 위치한 레스토랑 중 가장 추천할 만한 곳으로 위치에 비해 저렴한 가격과 맛있는 음식이 돋보인다. 이름에서 알 수 있듯이 케밥 류가 메인이며, 이곳에서만 볼 수 있는 물루헤야 쇼는 놓치기 아까운 볼거리다. 저녁에 가야 진가를 느낄 수 있다.

주소 Kornish Al Nile **전화** +20 1091247625 **오픈** 11:00~00:00 **홈페이지** elkababgyluxor.com

옴 하심 레스토랑
Oum Hashem Restaurant

현지인들에게 룩소르에서 가장 맛있는 레스토랑을 추천해달라고 하면 어김없이 나오는 곳으로 정통 이집트 음식을 맛볼 수 있다. 추천 메뉴는 케밥으로 최근에는 가격이 올라 가성비가 조금 떨어진다. 같은 이름의 레스토랑이 마주보고 있는데, 형제가 운영하는 곳으로 맛은 본점이 조금 나은 편이다.

주소 Abd El-Hameed Taha **전화** +20 1010102542 **오픈** 24시간

깜 타이
Kam Thai

룩소르에 거주하는 태국인이 운영하는 곳으로 밥이나 국수, 똠얌꿍 등 다양한 메뉴를 맛볼 수 있다. 어떤 메뉴를 먹어도 한국인의 입맛에 잘 맞는 편으로 금~일요일에는 운영하지 않는다. 입구가 작고 구글 위치가 정확하지 않아서 찾기 어려울 수 있는데 근처 상인들에게 물어보면 친절히 알려 준다. 정해진 날짜는 없지만 비수기에는 문을 닫는 편이니 구글맵에서 운영 여부를 확인 후 방문하는 것을 추천한다.

주소 El-Madina El-Monawwara **전화** +20 1277282490 **오픈** 월~목 13:00~21:00(금~일 휴무)

알 사하비 레인
Al Sahaby Lane Restaurant

네페르티티 호텔 부설 식당으로 케밥, 화이타, 샌드위치 등 다양한 메뉴를 맛볼 수 있다. 특히 낙타버거를 먹기 위해 이곳을 찾는 사람도 종종 있을 만큼 유명세를 타고 있다. 호텔 문으로 입장하면 되고, 루프탑 뷰가 좋지만 엘리베이터 없이 4층까지 올라가야 한다.

주소 Al-Sahaby St. **전화** +20 952256086 **오픈** 12:00~23:00 **홈페이지** www.nefertitihotel.com

술 판매점 Drinkies, Bazar Sakara

*TIP

슈퍼나 레스토랑에서 술을 구하기 어려울 때 이용할 수 있는 곳이다. 참고로 이집트에서는 야외에서 병이 보이게 술을 마시는 것은 문제가 될 수 있으니 삼가자. 위치는 각각 이름으로 구글맵에서 검색할 수 있다.

알 미나 레스토랑
Al mina Restaurant

아름다운 뷰가 돋보이는 곳으로 식사 후 식당 내 위치한 선착장에서 배를 타고 반대편으로 넘어갈 수 있어서 단체 여행자들의 추천 몰표를 받는 곳이다. 뷔페(1인 300파운드) 또는 단품 메뉴를 주문할 수 있고, 가격 대비 괜찮은 편이다.

주소 Luxor Governorate **전화** +20 1115555699
오픈 11:00~22:00

아부디 커피 브레이크 ⭐
Aboudi Coffee Break

나일강과 룩소르 신전이 한눈에 내려다보이는 최적의 장소에 위치한 카페다. 다양한 음료와 피자, 조금 어설픈 아이스 아메리카노를 마실 수 있다. 여러 층을 사용하지만 엘리베이터를 타고 루프탑으로 올라가야 전경을 제대로 즐길 수 있다.

주소 near luxor temple **전화** +20 01010607702
오픈 토~목 09:00~01:00, 금 14:00~01:00

소프라 레스토랑
Sofra Restaurant

룩소르에 오는 여행자들이 즐겨 찾는 곳이지만 비슷한 가격대의 다른 레스토랑에 비해 맛이 현저히 떨어진다. 이곳보다 좋은 곳을 가길 바라는 마음으로 소개한다.

주소 90, Mohamed Farid St. **전화** +20 952359372 **오픈** 11:00~00:00 **홈페이지** www.sofra.com.eg

추천 숙소

호텔은 대부분 동안 나일강 근처에 많고 에어비앤비 등 저렴한 홈스테이는 서안에 많다. 투어나 식당을 이용하기에는 동안이 훨씬 편리하고 서안은 나무가 많아서 모기가 많고 골목이 좁아서 목적지를 찾기도 힘들다. 금액이 부담스럽다면 서안에 묵으면서 펠루카를 타고 동안으로 넘어가는 방식으로 여행할 수 있다.

네페르티티 호텔 룩소르
Nefertiti Hotel Luxor

가격 대비 깨끗한 시설을 자랑하는 곳으로 호텔이 부담스러운 배낭 여행자에게 추천할 만하다. 5성급 호텔도 다른 도시에 비해 가격이 저렴한 편이니 먼저 고려해보는 것이 좋다.

주소 temple street, Al-Sahaby St. **전화** +20 1000329991 **홈페이지** www.nefertitihotel.com

이베로텔 룩소르
Iberotel Luxor

선착장 근처에 위치한 곳으로 다른 호텔에 비해 저렴한 가격으로 묵을 수 있는 동안 지역 호텔이다. 시설이나 서비스는 무난한 편으로 가격 대비 괜찮다.

주소 Khaled Ibn Al Walid, Gazirat Al Awameyah **전화** +20 952380925 **홈페이지** www.jazhotels.com/hoteldetail/14-egypt-luxor-iberotel-luxor

슈타이겐베르거 나일 팰리스 ⭐
Steigenberger Nile Palace

가성비 좋은 호텔로 조식과 부대 시설은 다른 호텔과 큰 차이가 없지만 시내에 위치해 편리하다. 현재 공사 중이라 길이 복잡하지만 나일강이 한 눈에 보이는 객실과 수영장이 환상적이다. 조식도 깔끔한 편으로 추천할 만하다. 만실이라면 비슷한 이름의 슈타이겐베르거 아시티 Steigenberger Resort Achti도 괜찮은 편이다.

주소 Khaled Ben El-Waleed St. **전화** +20 952366999 **홈페이지** hrewards.com/en/steigenberger-nile-palace-luxor

소네스타 호텔
Sonesta St. George Hotel

시내 여기저기 도보로 이용하기 좋은 곳으로 슈타이겐베르거 바로 옆에 있다. 아침 일찍 청소 여부를 물어보는 직원이 방마다 벨을 누르니, 원하지 않는다면 저녁에 미리 '방해 금지' 표지를 걸어두는 게 좋다.

주소 Khaled Ibn Al Walid **전화** +20 952382575 **홈페이지** www.sonesta.com

힐튼 룩소르 리조트 & 스파
Hilton luxor resort & spa

누구나 아는 좋은 호텔이지만 시내에서 조금 떨어져 있어서 도보로 이동하기에는 어려움이 있다. 일정이 짧다면 시내에 위치한 다른 호텔을 추천한다.

주소 Luxor Governorate **전화** +20 952399999 **홈페이지** www.hilton.com

룩소르 근교 투어
에드푸 Edfu

나일강 서안에 위치한 도시로 이집트에서 가장 잘 보존된 호루스 신전을 보기 위해 찾는 도시다. 고대 이집트 지명은 '베데트', 콥트어로는 '트보'였으나 지금은 아랍어 이름인 '에드푸'로 변경되었다.

에드푸 신전 Temple of Edfu 🏛

매의 머리에 사람의 몸을 가진 호루스 신은 에드푸 지역의 주신으로 프톨레마이오스 시대와 로마 식민 시대까지 이집트의 태양신이자 파라오 왕권의 상징이었다. 고대 이집트인들은 신전이 세워진 자리가 세트와 호루스의 최후 대결이 일어난 장소라고 믿었다. 매년 룩소르 근교에 위치한 덴데라 신전에 안치된 하토르 여신상을 이곳 호루스 신전으로 옮겨와 밤을 보내게 했는데, 이는 고대 이집트에서도 손꼽히는 거대한 의식 중 하나였다. 이 신전은 그리스가 이집트를 침범한 기원전 237~57년, 180년에 걸쳐 지은 것으로 이집트 전통 양식과 그리스 건축 양식이 혼재되어 있다. 지하 12m에 파묻혀 있다가 1860년 프랑스 고고학자 마리에트에게 발굴되었다. 높은 지대에 건축되어 고대 이집트 신전 중 원형이 가장 잘 보존되어 있어 역사적 공백을 메우는 데 큰 도움이 되었다. 하지만 이후 콥트교 군사들이 이곳에 거주하며 불을 사용해 천장에 그을음이 가득하다. 입장 후 가장 먼저 볼 수 있는 작은 건물은 탄생전인 마미지 신전이고, 조금 더 걸어가면 호루스 신이 조각된 제1탑문이 나온다. 화강암으로 조각된 호루스 중 오른쪽 왕관을 쓴 프톨레마이오스 12세가 호루스 앞에서 적의 머리채를 잡고 두개골을 박살내는 모습이 조각되어 있다. 이는 전형적인 파라오의 선전 포고다. 안으로 들어가면 32개의 기둥이 들어선 앞마당이 나오고 호루스 조각상을 지나 안으로 들어가면 하이포스타일 홀(열주홀)이 나온다. 규모는 크지 않지만 기둥 윗부분이 정교하게 조각되었는데 로마제국의 방화로 검게 그을린 흔적이 남아 있다. 홀을 지나 성소 안쪽으로 들어가면 지성소가 나온다. 지성소에는 황금으로 조각된 호루스 상과 가마 모양의 범선이 있는데, 이는 황금 호루스 상을 옮길 때 사용하던 것으로 원본은 파리 루브르 박물관에 있다. 사원 가는 길이 좋지 않아서 대부분 택시나 뚝뚝이보다 마차를 이용하는데 왕복으로 목적지에 도착 후 금액을 지불해야 한다. 사원을 보고 다시 만나는 시간을 정해도 다른 손님을 태우러 가서 기사가 사라지는 경우가 많고, 다른 마차를 이용하면 어디선가 나타나 왕복 금액을 요구하는 일이 빈번하게 일어나니 마차 번호가 나오게 사진을 찍고 전화번호를 꼭 받아두자.

주소 Aswan Governorate, Edfu **오픈** 수·일 06:00~17:00, 월·화·목·토 07:00~17:00 **요금** 성인 550파운드, 학생 275파운드 **홈페이지** egymonuments.gov.eg/en/monuments/temple-of-edfu

불에 탄 흔적

룩소르 근교 둘러보기

에드푸와 콤 옴보는 룩소르와 아스완을 오가는 중간 지점에 위치한 곳으로 나일강 크루즈를 이용해 구경하는 것이 가장 좋으나 여의치 않다면 룩소르와 아스완으로 이동할 때 차를 대절해 둘러보는 것을 추천한다. 사원 외에는 볼거리가 없고 여행자를 위한 시설이 잘 갖춰져 있지 않아서 이 도시에 머무는 것은 추천하지 않는다. 얼마 전에 일어난 마차 사고 때문에 아스완-룩소르 행 나일강 크루즈 중 에드푸를 가지 않는 배도 많다.

지역 가이드 | 룩소르

룩소르 근교 투어

콤 옴보 Kom Ombo

황금의 도시 '누부트Nubt'라 불리던 도시로 콤 옴보는 황금 언덕을 의미한다. 과거 상이집트의 주요 도시 중 하나로 남부 방어 거점이자 이집트와 누비아 교역이 이루어지던 도시였다. 주신인 악어를 신격화한 소베크로 콤 옴보 신전이 유일한 볼거리인 소도시다.

콤 옴보 신전 Temple of Kom Ombo

기원전 180~47년 프톨레마이오스 왕조 때 지은 곳으로 로마 시대에 증축이 이루어졌다. 모래에 파묻혀 있었으나 1893년 발굴 작업을 통해 빛을 보게 되었다. 소베크와 호루스 신에게 봉헌된 곳으로 다른 신전과 다른 독특한 구조로 지어졌다. 신전 입구도 2개, 성소로 들어가는 홀도 2개, 성소도 2개로 신전 전체가 대칭을 이룬다. 왼쪽은 호루스, 오른쪽은 소베크 신전으로 현재 남아 있는 곳은 열주실 일부분이다. 이 사원에서 눈여겨봐야 할 것은 농사를 위해 나일강이 범람하는 날과 신전에 행사가 열리는 날을 달력에 새겨놓은 것과 최초로 외과 수술용 도구를 새긴 조각이다. 옆에는 좌식으로 출산하는 모습이 새겨져 있다. 신전 내에 있는 깊은 우물, 나일로미터Nilometer는 물을 공급하는 것 외에도 나일강 수위 측정 용도로 사용되었다. 나선형의 계단으로 걸어내려갈 수 있는 구조로 만들어졌고, 수위에 따라 농사 계획을 세우고 세금을 걷는 자료로 사용되었다. 고대 이집트인들은 숭배하던 동물을 미라로 만드는 경우도 있었다. 이곳에서도 300여 구의 악어 미라가 발견되었는데, 그중 몇 구는 신전 바로 옆에 있는 악어 박물관에서 볼 수 있다.

주소 Nagoa Ash Shatb, Markaz Kom Ombo **오픈** 07:00~21:00 **요금** 성인 450파운드, 학생 225파운드 **홈페이지** egymonuments.gov.eg/en/monuments/kom-ombo-temple

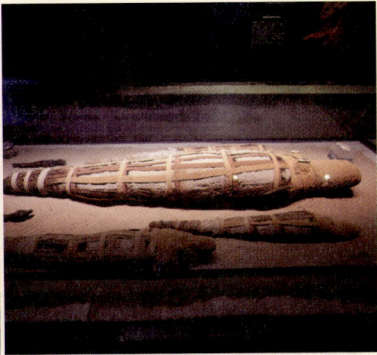

콤 옴보 벽화 수술 도구

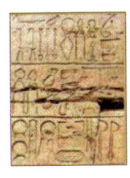
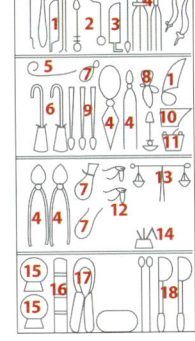

1. 칼
2. 드릴
3. 톱
4. 집게
5. 항로
6. 바늘
7. 가방
8. 비커
9. 칼
10. 비커 잔
11. 버너
12. 가방
13. 부적
14. 천칭
15. 포트
16. 파피루스 두루마리
17. 큰 가위
18. 수저

아 스 완
Aswan أسوان

좋은 품질의 돌이 많아 채석장이 있는 도시

카이로에서 남쪽으로 약 950㎞ 떨어진 북위 23도에 있는 도시로 나일강 최대 규모의 아스완 댐으로 널리 알려진 곳이다. 아부 심벨로 가기 위해서 거쳐가는 도시이기도 하고, 종교적 성지로 유명했던 필레 신전과 수많은 오벨리스크와 피라미드를 지은 석제의 채석장이 있는 곳이기도 하다. 소설 '람세스'의 배경지이자 애거사 크리스티가 '나일강의 죽음'을 집필한 곳이기도 하다.

 아스완 BEST 3

1. 필레 신전 둘러보기
2. 나일강 펠루카 타고 석양 즐기기
3. 장엄한 아부 심벨 보기

• 아스완 드나들기 •

아스완 국제공항 Aswan International Airport (ASW)

도심에서 약 20km 떨어진 곳에 위치한 자그마한 공항이다. 출국 시 여러 번 보안 검사 후 이름, 국적, 여권번호를 적어야 하니 시간 여유를 두고 가는 것이 좋다.

공항에서 시내로 이동하기

택시나 픽업 서비스를 이용할 수 있다. 룩소르는 우버를 사용할 수 없으나 카림Careem이나 인드라이브InDrive라는 대체 앱은 이용 가능하다. 공항에서 시내까지 약 100파운드 사이로 시내까지는 약 30~40분 소요된다.

시외 교통

아부 심벨을 제외한 여행지 중 가장 남쪽에 위치한 곳으로 항공 이동을 고려하는 게 좋다.

버스
근처에 위치한 룩소르에서 이동할 때 주로 사용된다. 고버스를 이용하여 쉽게 이동할 수 있다.

홈페이지 go-bus.com

기차
현재 기차 예약 사이트는 이용이 불가하다. 룩소르를 오가는 것은 역에서 바로 예매할 수 있지만 버스에 비해 시간이 어중간하고 연착이 잦아서 추천하지 않는다.

아스완에서 아부 심벨 가기

버스 & 미니버스
아스완 버스터미널에 있는 컨테이너가 매표소다. 아침 08:30경 아부 심벨행 EG버스가 있는데 출발 시간 변동이 잦은 편이니 8시까지 가는 것이 좋다. 발권 시 여권이 필요하고 아부 심벨 도착 후 유적지까지는 다시 툭툭을 이용해야 한다. 아부 심벨에서 아스완으로 돌아오는 버스는 오후 1시인데 시간이 촉박하다면 승객이 다 차면 출발하는 미니버스를 이용할 수 있다.

투어 (가이드 없음)
대부분 미니버스로 새벽 4시에 출발하는 1일 투어를 한다. 아부 심벨까지는 3~4시간($40, 560파운드) 걸리며, 도착해서 2시간 정도 자유 시간을 준다.

시내 교통

다른 소도시와 마찬가지로 우버는 사용할 수 없고, 카림이나 인드라이브 앱을 이용할 수 있다.

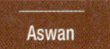

아스완
추천 코스

• COURSE •

미완성 오벨리스크

차량 10분

↓

하이 댐

차량 10분+보트 15분

↓

필레 신전

차량 10분

↓

누비안 마을

아스완 지도

미완성 오벨리스크
Unfinished Obelisk

아스완에서는 단단하고 붉은색이 아름다운 화강암이 많이 나기 때문에 이집트의 다른 지역 신전을 둘러볼 때 아스완에서 가져온 돌들을 많이 볼 수 있다. 채석장이 나일강의 급류 지점인 아스완 남동부 부근에 있기 때문에 나일강을 따라 운반하기 용이하여, 카이로를 비롯해 인근 국가 로마까지 보낼 수 있었다. 이곳을 찾는 이유는 3500년 이전의 모습으로 여전히 같은 위치에 누워 있는 오벨리스크를 볼 수 있기 때문인데, 완성되었다면 높이 42m, 무게 1,200톤의 현존하는 가장 큰 오벨리스크가 되었을 것이다. 현재 가장 큰 오벨리스크는 높이 31.18m로 로마 시대 때 만들어져 이탈리아 산 조반니 라테라노 대성당에 있다. 이곳의 오벨리스크는 기원전 15세기 핫셉수트 여왕의 명으로 카르낙 신전에 있는 라테라노오 오벨리스크를 보완하기 위해 만든 것으로 태양신에 관한 헌시와 파라오의 삶과 업적을 기리는 내용이 상형문자로 새겨져 있다.

주소 Port Said, Ghayt Al Adah **전화** +20 223901520 **오픈** 07:00~16:00 **요금** 성인 220파운드, 학생 110파운드 **홈페이지** egymonuments.gov.eg/monuments/the-unfinished-obelisk

오벨리스크는 왜 만드는 걸까?

오벨리스크는 무엇인가?

오벨리스크는 조각으로 되어 있고, 상형문자도 자주 등장하는 꼭대기가 피라미드 모양인 거대한 돌기둥이다. 전 세계적으로 약 25개의 오벨리스크가 남아 있지만 고대 이집트에서 만들어진 오벨리스크 중 이집트에 남아 있는 건 11개뿐이다. 파라오들이 지난 왕을 기념하고, 고대 이집트 왕국의 영광과 신을 숭배하기 위해 만들었다. 오벨리스크는 보통 쌍으로 만들어 신전의 입구에 놓았는데, 고대 이집트의 태양신인 '라'에게 바친다는 의미였다. 람세스 2세는 가장 많은 오벨리스크를 만든 것으로 알려져 있다.

어떻게 만들었을까?

조각할 때 쓴 돌

바위산을 통째로 깎아서 만든 것으로 흠이 없는 암석을 선택해 설계하고 사람이 들어갈 수 있는 통로를 만든 후 작업했다. 돌을 파내기 위해 측면 라인을 따라 화강암보다 더 딱딱한 섬록암으로 공을 만들어 바위에 홈을 파고 나무쐐기를 박은 후 물을 부어서 나무가 팽창해지면 깨지는 원리를 이용했다. 채석장에 가면 다른 색깔을 가진 동글동글한 돌인 섬록암 조각들을 볼 수 있다. 오벨리스크의 사각기둥 꼭대기에는 피라미디온이라고 불리는 작은 피라미드가 얹힌 형태로 만들어졌다.

어떻게 옮겼을까?

채석장이 나일강의 급류 지점인 아스완 남동부 부근에 있어서, 나일강을 따라 운반하기 용이하여 카이로를 비롯해 인근 국가나 로마까지 보낼 수 있었다. 조각을 마치면 밧줄을 이용해 돌을 들어 나무 위에 올린 후 나일강 둑까지 끌어올렸다. 오벨리스크를 안전하게 적재할 수 있도록 설계된 부두에서 대기하다가 안정되었을 때 운반 항해를 시작했다.

어떻게 세웠을까?

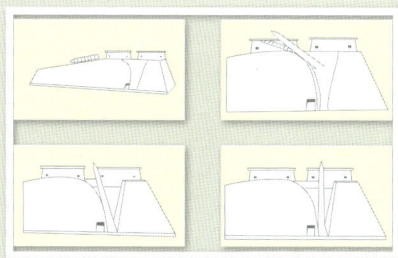

배에서 내린 후 모래로 된 경사로를 따라 옮겼다. 경사로 마지막 부분에 구멍을 파서 기단 위에 세워 고정시킨 후 경사로를 치웠다. 이후 사제들과 왕실이 방문해 봉헌과 돌의 신을 기리는 의식에 참여하였다. 오벨리스크의 채석, 운반, 인양에 대해서는 비문, 도면, 공문을 통해 잘 기록되어 있지만 어떻게 오벨리스크를 고정시켰는가에 관한 구체적인 기록은 없다.

필레 신전 🏛️ ⭐
Philae Temple

필레 신전 들어가는 배 타는 곳

나일강 상류에 형성된 나세르 호수 내에 위치한 신전은 하이 댐의 건설로 배를 타고 들어가야 한다. 필레 신전은 기원전 380~362년에 지어진 것으로 이시스, 오시리스 신에게 봉헌되었다. 아스완 댐 건설로 홍수 때 수몰되어, 1980년에 유네스코의 도움을 받아 4만 조각으로 잘라 아길키아 섬 Agilkia island으로 이전했다. 이시스는 모든 신의 어머니, 오시리스는 죽음과 부활을 관장하는 신으로 이시스의 남편인 오시리스가 묻힌 곳이기에, 고대 이집트뿐만 아니라 누비아 왕국에서도 성지로 여겼다. 이집트가 로마의 식민지가 되며 기독교가 국교로 책정되었다. 4세기 무렵 필레 신전은 기독교와 전통 이집트 종교가 공존했으나 5세기 기독교의 이교도 말살로 신전 내 벽화가 훼손되었다. 하이포스타일 홀(열주실)에는 콥트기독교 십자가가 새겨진 제단이 남아 있다. 파라오 시대부터 프톨레마이오스 시대, 로마 시대를 걸쳐 건축했기 때문에 다양한 건축 양식을 볼 수 있고, 종교적으로도 고대 이집트 종교부터 기독교까지 혼재된 곳이다. 클레오파트라와 카이사르의 신혼 여행지로도 알려져 있다. 간혹 입장료에 뱃삯이 포함된 것으로 혼동하는 경우가 있는데, 매표소에 고지된 대로 불포함으로 1~8명까지 탑승할 수 있는데 한 명당 약 400파운드 정도로 흥정하기에 따라 달라진다. 도착 후 약 1시간 기다려 준다.

주소 Philae Temple **오픈** 07:00~16:00 **요금** 성인 550파운드, 학생 275파운드

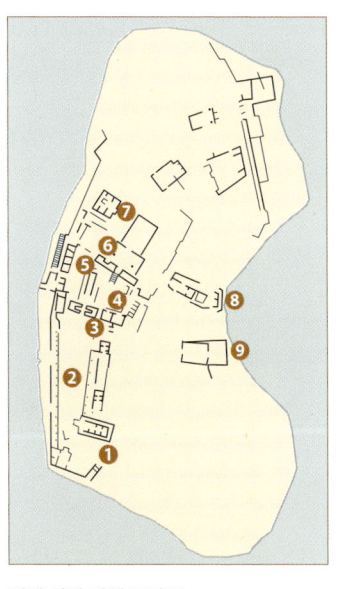

필레 신전 전체 조망도

1. 넥타네보의 현관
2. 필레 신전 바깥 뜰과 열주
3. 필레 신전 첫째 입구
4. 필레 신전 외부 정원과 마미지
5. 필레 신전 두 번째 필론
6. 하이포스타일 홀
7. 이시스 신전의 지성소
8. 하토르 신전
9. 트라야누스 황제 키오스크

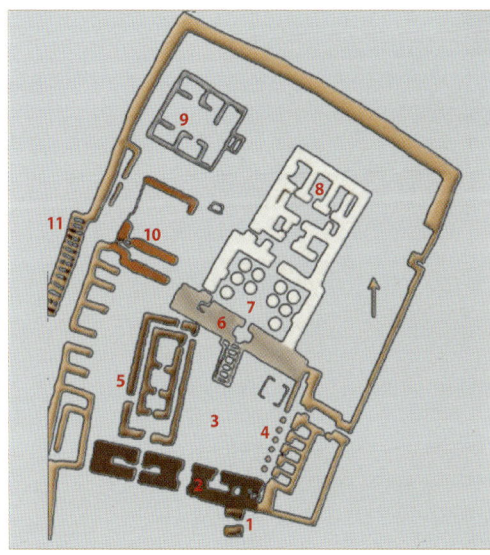

필레 신전 내부 구조도

1. 프톨레마이오스 2세의 문
2. 첫째 필론
3. 외부 정원
4. 두 번째 열주와 저장고
5. 마미지
6. 두 번째 필론
7. 내부 정원
8. 이시스의 지성소
9. 호루스 신전
10. 하드리아누스(로마 황제)의 문
11. 나일로미터

아스완 하이 댐
Aswan High Dam

이집트를 관통하는 7,000km의 나일강은 이집트 문명의 발생지이자 이집트 사람들의 젖줄이다. 매년 9~10월에 홍수로 범람해, 하류 일대를 비옥한 농토로 만들어 주었으나 이를 통제하기 위해 국가적 차원에서 댐을 건설했다. 1902년 영국의 도움으로 세계 최대의 석괴 댐(Rock-fill)인 아스완 로우 댐을 만들었고, 댐 건설로 인해 생긴 나세르 호수는 소양강의 5배가 넘는 규모로 길이가 500km나 된다. 당시 대통령이자 호수 공사를 시작한 나세르 대통령 이름을 붙인 이 호수는 아스완에서 시작하여 아부 심벨을 거쳐 수단까지 흐른다. 1889년 영국에 의해 처음 시작된 아스완 댐 공사는 길이 2km, 높이 50m, 저수량 50억 톤으로 1902년에 완공되었다. 미흡한 부분이 있어서 세 차례 확장 공사를 했으나 1946년에 다시 범람하여 높이를 크게 올렸고, 이것이 하이 댐 건설의 계기가 되었다.

상류 7km 지점에 추가로 댐을 건설한다는 계획은 1952년 나세르가 쿠데타로 왕정을 몰아낸 직후부터 있었다. 미국이 10억 달러를 제공하기로 했으나 나세르가 중립 정책을 표명하자 없던 일로 되어 버렸다. 어려움을 겪다가 운하를 국유화하고 운하 통행세를 공사비에 충당하려 했으나 1956년 수에즈 운하 위기와 2차 중동 전쟁으로 이마저도 힘들어졌다. 이 틈을 타 소련이 공사비의 30%와 장비, 기술을 제공해 1971년 제방 길이 약 3.8km, 높이 111m, 저수량 1,320억 톤에 달하는 댐을 완공했다. 이는 소양강 댐의 59배다. 댐을 건설하여 사회적, 경제적 이득이 있었지만 부작용으로는 약 10만 명에 이르는 누비아인의 거주지와 나일강 변에 산재한 고대 유적이 수몰되었다. 유네스코의 노력으로 아부 심벨과 필레 신전은 분해하여 다른 장소로 옮겨졌으나 나머지 유적은 여전히 수몰되어 있다. 또한 나일강이 범람하며 강 유역 토양을 비옥하게 만들어 농사에 이상적인 환경을 만들어 주었는데, 댐으로 인해 범람이 일어나지 않자 하류의 토양은 척박해져 나일강 삼각주 곡창 지대의 농산물 수확이 줄고 지중해 생태계도 바뀌었다.

주소 Manteqet as Sad Al Aali **요금** 성인 200파운드, 학생 100파운드

엘레판티네 섬 고고학 유적지
Elephantine Island Archaeological Site

섬 모양이 코끼리를 닮아서 붙여진 이름으로 아스완과 가까워 물자 수급이 용이하고 적으로부터 방어하기 쉬운 지형적인 장점이 있다. 기원전 30세기 고대 왕국부터 기원후 4세기까지, 로마 지배 시대 상부 이집트의 요새였다. 고대 이집트에서는 숫양의 머리를 한 전쟁과 사냥의 신, 크눔이 이 섬 지하에 머물며 나일강의 범람 등 수량을 조절한다고 믿어서 사테트, 아누케트와 더불어 3주신으로 추대했다. 헬레니즘 시대에는 천문 관측의 중심지로 이곳으로 북회귀선이 지나가 춘분 정오가 되면 태양이 바로 위에 위치한다. 에라토스테네스는 하지에, 이곳이 알렉산드리아와는 달리 그림자가 사라지고 우물 밑바닥까지 햇빛이 비치는 것을 응용해 지구의 둘레를 계산했다. 아스완 시내에서 배를 타고 5분이면 섬에 도착하는데, 선착장에서 남쪽으로 10분 정도 걸으면 고고학 유적지 입구가 나온다. 입구에서 박물관까지 놓인 계단은 그리스로마가 이집트를 지배하던 그레코-로만 시대에 만들어진 것이다.

주소 Sheyakhah Oula **오픈** 08:00~16:00 **요금** 성인 200파운드, 학생 100파운드

사테트 신전 Satet Temple

사테트 또는 사티스라고 불리던 고대 이집트 여신으로 기원전 3200년경 지어졌고 기원전 2100~1700년 중왕국 카르낙 신전을 건축한 파라오 세누스레트 1세에 의해 재건되었다. 옆에는 제18왕조 때 새로 지은 건물이 있는데, 이는 핫셉수트 여왕과 남편인 투트모세 2세가 지었으며 17개의 기둥이 세워져 있다. 고대 왕국부터 로마 지배 시대까지 3200년 이상 이어온 신전이다. 신왕국 18조 투트모세 3세와 아멘호테프 3세가 지은 신전은 1882년 오스만 제국 이집트 총독이었던 모하메드 알리가 수단을 점령하기 위해 전쟁을 벌일 때까지 원형을 유지하였으나 지금은 거의 폐허고 일부만 복원되었다.

양 무덤 Cemetery

세누스레트 신전 옆 석관이 있는 곳은 프톨레마이오스 시대에 만든 양 무덤이다. 3주신 중 하나인 크눔이 숫양의 머리 모양이기 때문에 양을 미라로 만들어 석관에 매장하였다. 이곳에서 발굴한 석관, 사르코파구스는 아스완 누비아 박물관에 전시되어 있다.

중왕국 시대 주민 거주지 유적 Residential Buildings

사테트 신전 옆에 남아 있는 거주지 유적으로 3000년 전 모습이 고스란히 남아 있다. 이 근처에는 이집트 주요 채석장이 있었다.

고왕국 시대 피라미드 유적 Pyramid

거주지 유적 북쪽 방향으로 작은 언덕 모양의 건축물은 고왕국 시대 피라미드 유적으로 엘레판티네 섬에서 가장 높은 곳에 위치해 있다.

크눔 신전 Khnum Temple

고대 이집트 마지막 왕조와 말기 왕조를 멸망시킨 프톨레마이오스 왕조 때 건립한 곳으로 3주신 중 하나인 크눔 신에게 봉헌된 신전이다.

나일로미터 Nilometer

3개의 기둥이 남아 있는 곳에는 나일강 수위를 측정하던 나일로미터가 있다. 나일강이 범람하는 시기를 아는 게 매우 중요했기 때문에 이곳을 통해 수위를 측정하였다. 총 90개의 계단으로 내려가는 벽에는 이집트 상형문자를 비롯해 아랍어, 로마어가 표기되어 있다.

엘레판티네 박물관 Elephantine Museum

유적지에서 발굴한 석관과 비석, 조각과 도자기가 전시되어 있는데 눈여겨봐야 할 유물은 고대 이집트 인의 혼인 계약서로 결혼 생활에 있어서 남자와 여자의 의무가 기록되어 있다. 주요 유물은 인근에 있는 아스완 박물관과 누비아 박물관에 전시되어 있다.

누비안 마을 ⭐
Nubian Village

하이 댐 건설로 마을이 수몰되며 거주지를 옮긴 누비아 사람들이 사는 곳으로 이집트와 다른 문화를 볼 수 있는 곳이다. 실제 주민들이 살고 있지만 민속촌처럼 관광객을 위해 꾸며둔 부분도 많다. 누비안 차를 마시며 헤나도 할 수 있고, 여러 볼거리가 있어서 방문해볼 만하다. 갑자기 손을 잡고 헤나를 그린 후 돈을 요구하는 경우가 있으니 조심하자.

주소 Nubian Village **오픈** 24시간 **요금** 무료

누비아 왕국과 누비아인

누비아 왕국은 현재 이집트 아스완 남부와 수단 북부 지역에 있던 고대 왕국으로 크게 상부 누비아와 하부 누비아로 나뉜다. 하부 누비아 지역에서는 기원전 8세기경 누비아 출신 왕들이 이집트 제25왕조를 세워 약 100년간 이집트를 지배했다. 이 때문에 멤피스부터 아스완까지 누비아 문화 유적이 많이 남아 있다. 이후 누비아 지역은 기원전 3세기부터 로마 제국 등 그리스-로마 세력의 영향 아래 있었으며, 점차 이슬람 제국과 오스만 제국 등 여러 세력의 지배를 받았다. 누비아 왕국은 서서히 약화되었고, 현대에는 누비아인은 이집트와 수단에 나뉘어 거주하고 있다. 누비아 지역의 일부 고대 유적은 유네스코 세계문화유산으로 등재되어 보호받고 있다.

누비안 박물관
Nubian Museum

누비안 사람들의 생활상을 볼 수 있는 박물관으로 입구 정원에 오벨리스크가 세워져 있다. 내부로 들어가면 람세스 2세의 석상을 가장 먼저 볼 수 있고, 누비아의 역사를 정리해둔 연대기를 비롯해 엘레판티네 섬에서 발굴된 크눔 제사장의 석상과 이집트 12왕조 유물이 전시되어 있다. 죽은 사람과 함께 매장한 우샤브티와 호루스에게 젖을 물리는 이시스 상과 아부 심벨에서 발굴된 지혜와 정의의 신 토트 석상, 쿠시 왕 아스팔타의 대관식이 기록된 석비, 프톨레마이오스 시대와 로마 지배 시대 유물도 볼 수 있다. 이곳을 찾는 여행자는 많지 않아서 늘 한적한 편이다.

주소 Assuan, Sheyakhah Oula **전화** +20 972484133 **오픈** 09:00~17:00 **요금** 성인 400파운드, 학생 200파운드

🍴 추천 식당

여행자가 오래 머무는 도시가 아니라 레스토랑이 많지 않지만 맛은 대체로 괜찮은 편이다.

솔라이 누비안 레스토랑 ⭐
Solaih Nubian Restaurant

필레 신전 맞은편 섬에 위치한 리조트 부설 레스토랑으로 누비안 전통 음식 및 음료를 맛볼 수 있다. 식사는 예약이 필요하니 필레 신전을 둘러본 후 음료 한 잔 정도 즐기기에 좋다. 식사를 한다면 필레 신전 '빛과 소리' 쇼를 보기 전, 노을이 질 때 가는 것을 추천하는데 티켓은 육지에서 미리 구입해야 한다. 레스토랑 예약 시 육지에서 탈 수 있는 배를 보내준다.

주소 Bigeh Island **전화** +20 1030000055 **오픈** 11:00~22:00 **홈페이지** www.eco.com.eg/solaih-restaurant

아비르 레스토랑 ⭐
Abeer Restaurant

조금 허름하지만 저렴한 가격에 맛있는 음식을 먹을 수 있는 현지 식당으로 아스완 기차역 근처에 있다. 여행자보다 현지인이 즐겨 찾는 곳으로 코프타와 치킨구이, 후무스, 샐러드 등 메뉴 대부분이 맛있고 맛에 비해 가격도 저렴한 편이다.

주소 Abu AR Rish Qebli **전화** +20 1147000805 **오픈** 12:00~04:00

알 마스리
Al Masry

깔끔한 분위기에 전통 이집트 음식을 즐길 수 있는 곳으로 직화로 구운 코프타, 케밥 등 구이 류가 특히 추천할 만하다. 스프와 밥이 함께 나오는 세트 메뉴가 가성비 대비 괜찮다. 식사 후 디저트로 달콤한 크림 캐러멜도 별미니 함께 주문해보자.

주소 Al Matar, Sheyakhah Thalethah **전화** +20 972454576
오픈 10:00~01:00

알 도카
Al Dokka

엘리판티네 섬 근처에 위치한 곳으로 강이 한눈에 내려다보이는 뷰가 아름답다. 단체 관광객이 가는 곳이라 점심 시간에는 붐비는 편이니 노을이 질 때 저녁 식사를 하는 것을 추천한다. 뚝배기에 나오는 따진과 밥이 괜찮은 편으로 다른 곳에 비해 가격대가 높지만 위치나 뷰를 고려할 때 수긍할 만하다. 섬으로 이동하는 배는 무료로 제공되는데 간혹 뱃삯을 받으려는 경우가 있으니 조심하자.

주소 Hessa Island **전화** +20 1222162379 **오픈** 11:00~23:00

마카니
Makani

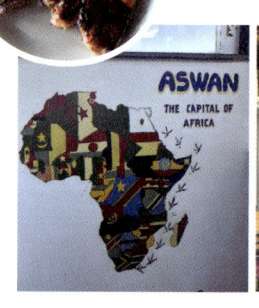 

패밀리 레스토랑 T.G.I.프라이데이스가 떠오르는 인테리어로 버거나 치킨구이가 괜찮다. 나일강 크루즈가 도착하는 금요일에는 점심 기도를 하러 사원에 가서 문을 닫는 식당이 많은데 이곳은 늘 열려 있으니 참고하자. 물가에 위치한 야외석도 나름 뷰가 괜찮다.

주소 Imam Al Daaeri **전화** +201009183661
오픈 10:00~23:00

추천 숙소

대개 나일강 크루즈에 묵거나 1박만 하기 때문에 호텔이 많지 않다. 나일강 주변에 여행 인프라가 몰려 있으니 참고하자.

데이비드 호스텔
David Hostel

숙소 물가가 비싼 아스완에서 괜찮은 시설에 저렴하게 묵기 좋은 곳으로 메인 시내와 조금 떨어진 곳에 위치해 있다. 호스텔을 운영하는 데이비드는 다양한 정보를 친절하게 안내해주고 아부 심벨 투어도 저렴한 가격에 진행한다. 호스텔보다는 가정집 주택에 가까운 형태로 층을 올라갈수록 방 상태가 좋으니 되도록 예약 시 위층 방을 요구해보자. 아래 번호로 등록된 와츠앱으로 연락하면 기차역에서부터 무료 픽업 서비스를 받을 수 있다.

주소 Qism, Aswan **전화** +20 1283600001

벤벤 바이 다라
Benben by Dhara

필레 신전 근처 섬에 위치한 호텔로 하얀 색의 외벽이 신비함을 자아내는 곳이다. 흠잡을 곳 없는 깔끔한 시설에 야외 자쿠지가 있다. 시내에서 거리가 먼 것이 아쉬우나 덕분에 조용하고 한적한 분위기라서 호캉스를 즐기기에 더없이 좋다. 정성들여 준비한 조식도 훌륭하다.

주소 Aswan1 **전화** +20 1098134393 @benben.dhara

소피텔 레전드 호텔 ⭐
Sofitel Legend Old Cataract Hotel

1899년에 지은 호텔로 나일강변에 위치한 고풍스러운 인테리어가 돋보이는 곳이다. 윈스터 처칠, 마거릿 대처, 다이애나 비 등 많은 유명 인사들이 찾은 곳으로 특히 최근에 영화화된 애거사 크리스티의 1937년 추리 소설 '나일강의 죽음'을 집필한 곳으로 유명하다. 호텔 로비에 책을 쓸 때 사용한 책상과 의자, 소품이 전시되어 있다. 매일 오후 5시 30분에 진행하는 호텔 투어에도 참여할 수 있다. 1899년부터 있던 클래식 윙과 1961년 새롭게 지은 뉴 윙으로 나뉘어 있고 총 138개 객실이 있다. 가장 좋은 방은 '애거사 크리스티', 다음은 '윈스터 처칠'이라는 이름표가 붙어 있는 방이다. 두 사람은 실세로 이곳에서 만난 적이 있는데 함께 찍은 사진이 윈스터 처칠 방에 걸려 있다.

주소 Abtal El Tahrir St. 전화 +20 1022229071
@sofitellegendoldcataract

톨립 호텔 아스완
Tolip Hotel Aswan

나일강 크루즈 선착장 근처에 위치한 호텔로 시설 대비 가격이 괜찮다. 로비 건물과 방을 잇는 통로가 지하로 연결되어 있어서 찾기 어려우니 체크인 시 직원의 도움을 받는 게 편리하다. 2층으로 된 발코니에서는 나일강이 한눈에 내려다보이니 되도록 2층 방을 배정받는 것이 좋다.

주소 Aswan 1 전화 +20 1001704013

아스완 근교 투어
아부 심벨 신전 Abu Simbel Temple

많은 이집트 여행자가 피라미드 다음으로 기대하는 유적지다. 19세기 초에 이집트 남쪽 끝 나일강변 모래 언덕에서 발굴되었다. 3300여 년 전, 이집트 제19왕조 파라오 람세스 2세가 태양신과 하토르 여신, 네페르타리 왕비를 위해 지은 신전이다. 왼쪽은 람세스 2세의 대신전, 오른쪽은 네페르타리 왕비를 위한 소신전이다. 하이 댐을 지으며 조성된 나세르 호 때문에 수몰 위기에 처했으나 1959년 유네스코의 도움을 받아 분해하여 현재 위치로 옮겨졌다. 먼저 인공 바위산을 지은 후 내부에 콘크리트로 돔을 만들고 가져온 조각상과 내부를 조립하였다. 대부분 아스완에서 새벽 일찍 출발해 당일치기로 관람하지만, 시간 여유가 있다면 아부 심벨에 하루 묵으며 저녁에 열리는 빛과 소리의 쇼를 관람하고, 새벽녘 나세르 호에서 떠오르는 일출을 보는 것도 추천할 만하다. 아스완에서 투어 신청 시 허가증을 받기 위해 여권 사본을 요구할 수 있다.

주소 Aswan Governorate, Abu Simbel **전화** +20 222617304 **오픈** 06:00~17:00 **요금** 성인 750파운드, 학생 375파운드(2월 22일, 10월 22일은 성인 1,200파운드, 학생 600파운드)

아부 심벨 들어가기

항공
아부 심벨 신전에서 차로 약 10분 거리에 위치한 작은 공항이다. 아스완-아부 심벨 직항이 있고, 카이로 출발 시 아스완을 경유한다. 공항에서 아부 심벨까지 이집트 항공에서 제공하는 무료 셔틀이 운영된다.

버스
오전 8시에 아스완 버스터미널에서 출발하는 버스를 타고 갔다가 관람 후 버스를 타고 돌아올 수 있다. 매표소는 버스가 주차되어 있는 곳으로 쭉 들어가면 오른쪽 끝에 있다. 8시 출발 후 10시쯤 휴게소에서 10분 정도 정차하고, 12시쯤 아부 심벨에 도착한다. 도착 장소에서 아부 심벨 신전까지는 약 1.8km로 택시나 똑똑을 이용해 이동할 수 있다. 아부 심벨에서 아스완으로 돌아가는 버스는 13:30에 있다. 돌아오는 차량 시간을 맞출 수 없다면 버스터미널에 있는 미니버스를 이용해 돌아올 수 있는데, 만석이 되어야 출발하기 때문에 출발 시간을 가늠하기 어렵다.

투어
아스완 여행사 또는 숙소나 한국인을 대상으로 하는 여행사에서 예약할 수 있다. 호텔로 픽업을 오고 다시 호텔에 데려다주니 편리하지만 단체 여행이다보니 관람 시간이 1시간 내외로 짧은 것이 단점이다. 개인적으로 찾아가는 것과 투어에 참여하는 가격 차이가 크지 않고, 아부 심벨 신전 자체는 크지 않아서 한 시간이면 충분히 둘러볼 수 있지만 오래 관람하고 싶은 사람은 개인적으로 찾아가는 것을 추천한다.

대신전 (람세스 2세 신전) The Great Temple 🏛 ⭐

입구에는 4개의 람세스 2세 석상이 있는데, 다리 옆을 자세히 보면 왼쪽부터 네페르타리 왕비와 어머니 무트투야, 왕자와 왕녀 등 가족 조각상이 있고, 기조 부분에는 손이 묶인 포로가 새겨져 있다. 이는 고대 이집트 국경을 위협한 이집트 주변 아홉 부족을 다스리고 있다는 것을 과시한 것이다. 또한, 입구 위에는 매의 머리를 한 태양신인 라-호르아크티 신이 조각되어 있는데, 이는 대신전이 태양신에게 봉헌된 것을 나타낸다. 람세스 2세 조각상 4개 중 하나는 지진으로 무너져 바닥에 방치되어 있다. 바위를 깎아 만든 암굴 신전으로 폭 38m, 높이 33m, 길이 63m다. 내부에 들어가면 가장 먼저 하이포스타일 홀(열주실)이 나오고 기둥에는 오시리스 신이 된 왕의 조각상이 세워져 있다. 기둥 홀 벽에는 카데시 전투에서 람세스 2세가 혼자서 활을 쏘며 싸우는 모습과 여러 신을 만나는 파라오의 모습이 새겨져 있다. 이를 통과하면 신을 모신 지성소가 나오는데 이는 왼쪽부터 프타, 아문, 람세스 2세, 라를 조각한 것으로 신과 파라오를 같은 크기로 조각해 신격화한 것을 알 수 있다. 일 년에 단 이틀, 2월 21일과 10월 21일에는 새벽에 해가 뜨면 햇빛이 입구를 통해 지성소로 들어오도록 설계했는데, 이날은 람세스 2세 생일과 파라오로 대관한 날이다. 더욱 놀라운 것은 지성소 안쪽까지 햇빛이 들지만 가장 왼쪽인 프타는 어둠과 죽음을 관장하는 신이기에 빛이 미치지 않도록 설계되었고 나머지 석상에 각각 20분씩 차례로 빛이 비친다. 다만 신전을 옮기는 과정에서 설계 착오가 있어서 하루 늦은 22일에 해가 든다.

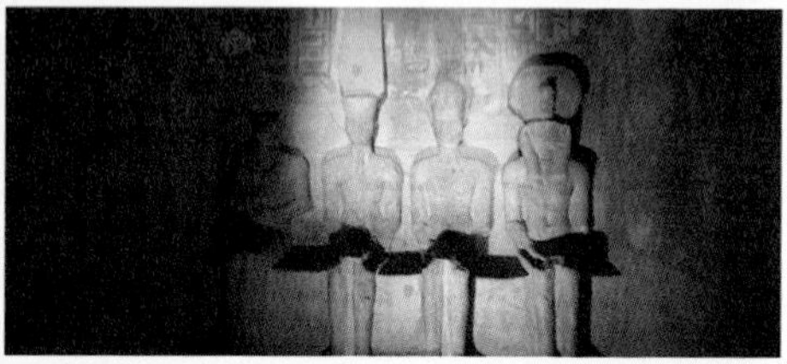

소신전 The Small Temple

대신전을 마주보고 오른쪽에 위치한 입구에는 람세스 2세 석상과 네페르타리 왕비 석상이 같은 높이로 6개 세워져 있다. 대개 왕비는 왕보다 훨씬 작은 무릎 아래 높이로 조각한다는 관례를 깬 것이라 의미가 크다. 이집트 역사상 왕비를 위해 신전을 짓고 파라오와 같은 크기의 왕비 조각상을 만든 것은 오직 람세스 2세뿐이다. 고대 이집트인들은 조각을 통해 람세스 2세의 힘의 원천이 네페르타리의 사랑에서 비롯된 것이라고 새겨둘 만큼 네페르타리 왕비를 지혜로운 왕비로 여겼다. 41세에 운명을 달리한 후 룩소르 서안, 왕비의 계곡에 무덤이 만들어졌다. 내부로 들어가면 하토르 여신의 얼굴을 조각한 기둥이 있고, 얼굴 아래 람세스 2세와 네페르타리 왕비의 역사를 새겨두었다. 입구 벽에는 아멘과 호루스를 위해 싸우는 람세스 2세의 모습이 새겨져 있고 기둥 홀 벽에는 하토르, 이시스 여신이 파라오에게 관을 씌워주는 모습이 새겨져 있다. 성소 벽에는 신격화된 람세스 2세와 왕비의 모습이 새겨져 있다.

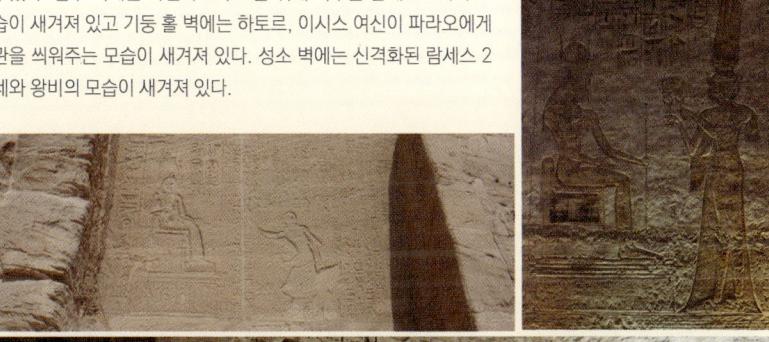

알렉산드리아
Alexandria
الإسكندرية

지중해에서 무역이 활발했던 가장 큰 도시

이집트에서 카이로 다음 두 번째로 큰 도시이자 지중해에 면한 항구 도시. 기원전 13세기부터 라코티스라는 작은 어촌 마을이 조성되었고 크레타와 무역을 위해 이곳을 지날 때 이미 교역소가 존재했다. 기원전 331년 알렉산더 대왕은 파로스 섬으로 가는 둑길을 건설할 목적으로 이곳을 선택했고 알렉산드리아로 지명을 바꾸었다. 하지만 그는 몇 달 후 이집트를 떠나 평생 돌아오지 않았고 총독 클레오메네스가 주도해 도시를 설계했다. 이후 급속히 성장하여, 기원전 305년에 멤피스를 대체해 이집트의 수도가 되었다. 유럽과 아라비아, 인도 동부 사이의 무역 중심이 되었고 헬레니즘 문화가 꽃피며 세계에서 가장 번성한 도시 중 하나가 되었다. 몇 세기 동안 로마 다음으로 큰 도시였다. 고대 로마 유적이 남아 있는 곳으로 이집트의 다른 도시와는 조금 다른 매력을 느낄 수 있는 곳이기도 하다. 볼거리가 많지 않아서 카이로에서 당일치기로 여행하는 여행자가 많지만 여유가 된다면 하루 묵으며 쉬어

가는 것도 좋다. 로마 유적지는 흔적만 남아 있기에 유적에 크게 관심 있는 여행자가 아니라면 추천하지 않는다.

알렉산드리아 BEST 3

1. 알렉산드리아 대도서관 방문하기
2. 카이트베이에서 지중해 바라보기
3. 1922년에 문을 연 카페에서 커피 마시기

알렉산드리아 드나들기

알렉산드리아 국제공항 Borg El Arab International Airport (HBE)

규모는 크지 않지만 요르단을 비롯해 튀르키예, 두바이, 카타르 등 국제선도 운항한다. 시내에서 약 50km 떨어진 곳에 위치해 있다. 공항에서 시내까지 24시간 운행하는 공항버스가 있으니 참고하자.

주소 Borg El Arab Airport Rd, Alexandria **전화** +20 34631010

시외 교통

대개 카이로에서 버스나 택시를 이용해 당일치기 또는 1박 2일로 다녀오는 편이다. 시내버스 터미널이 도심과 차로 10분 정도 떨어져 있는데 흥정이 쉽지 않으니 택시 앱을 이용해 오가는 게 가장 편리하다. 기차는 현재 홈페이지 접속이 어려워 추천하지 않는다.

버스
버스터미널이나 앱을 이용해 예약할 수 있다. 가까운 카이로부터 시와, 후르가다, 다합 등 여행지 대부분 버스로 이동 가능하다. 직접 예약이 어렵다면 여행사나 숙소에서 대행 서비스를 이용해보자.

고버스 Gobus
앱이나 고버스 매표소에서 예매할 수 있다. 다양한 노선을 운영하기 때문에 여행자가 찾는 도시는 거의 다 이용할 수 있다. 가격별로 버스 등급이 나뉘어져 있으니 참고하자.

홈페이지 htgo-bus.com

시내 교통

트램
볼거리를 찾아다니기보다는 느릿느릿 움직이는 트램에 몸을 맡기고 주변 풍경을 감상하는 것도 좋다. 트램 정거장마다 노선도가 있으니 이를 참고해보자.

택시
흥정에 자신이 없다면 우버나 카림 앱을 사용하는 게 좋다.

투어버스
거리에 다니는 빨간색 투어버스로 1인당 15파운드다. 가격이 저렴한 만큼 무제한 이용할 수 있는 다른 시티 투어 버스와 달리, 내리고 탈 때마다 비용을 지불해야 한다. 먼 거리 이동 시 택시 대신 이용할 수 있다.

Alexandria

알렉산드리아 추천 코스

• COURSE •

카이트베이 요새

차량 10분

알렉산드리아 대도서관

차량 5분

콤 엘 디카

차량 15분

콤 엘 슈카파 카타콤

차량 5분

폼페이 기둥

알렉산드리아 지도

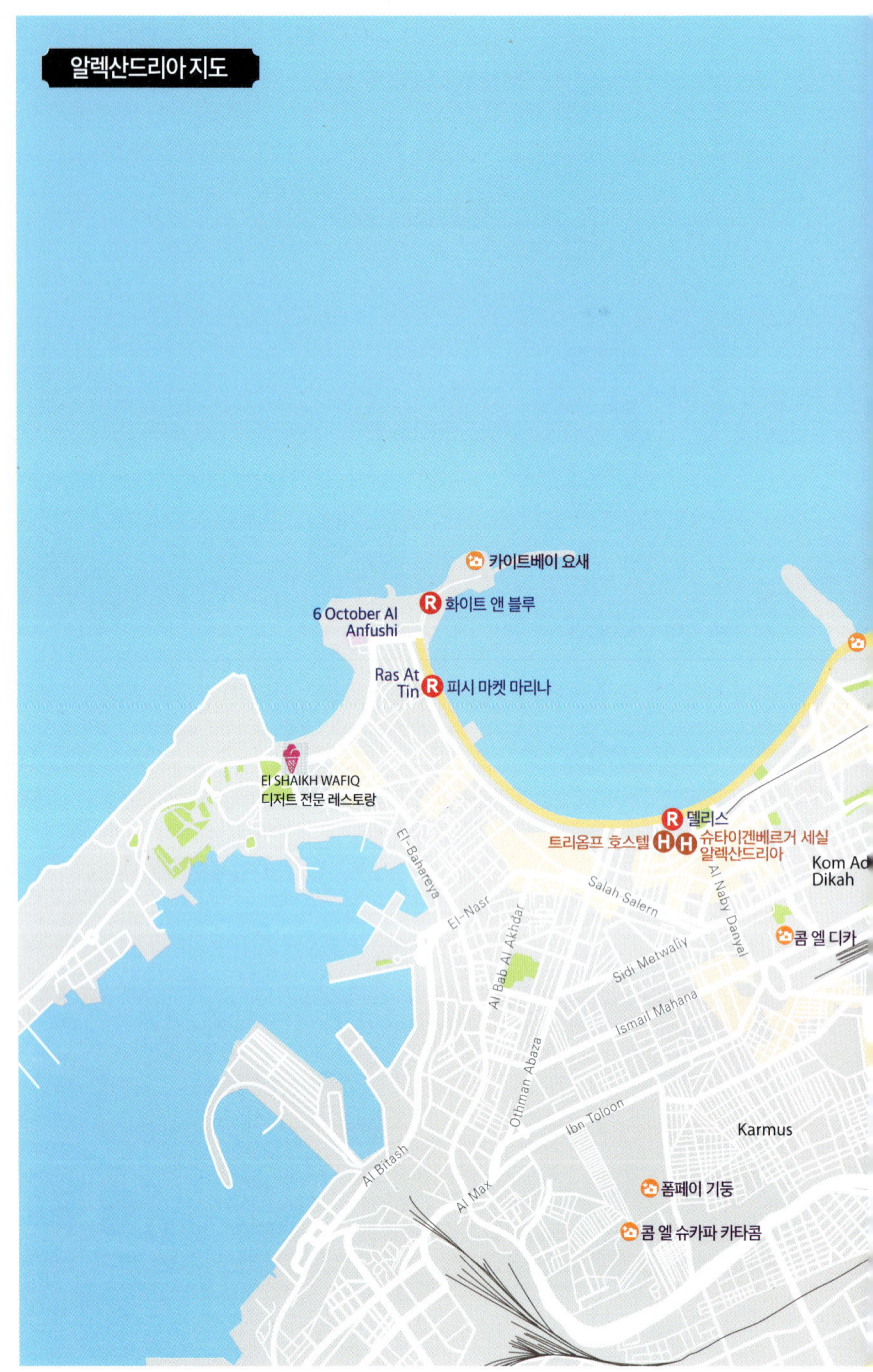

카이트베이 요새 ⭐
Citadel of Qaitbay

고대 7대 불가사의 중 하나인 파로스 등대가 있던 장소에 세운 요새다. 파로스 등대는 기원전 3세기 프톨레마이오스 1세가 시작해, 12년의 공사 끝에 아들인 프톨레마이오스 2세가 완공하였다. 높이 130m에 꼭대기에는 이시스 여신상이 세워져 어마어마한 규모를 자랑했으나 7세기경 수많은 자연재해로 원형이 상당히 파괴되었다. 기원후 882년에 아흐메드 이븐 툴룬이 재건하였으나 11세기에 일어난 지진으로 지하 시설과 부설된 모스크를 제외한 대부분의 구조물이 붕괴되었고, 14세기에 한차례 더 지진을 겪으며 완전히 붕괴되었다. 1477년에 맘루크 왕조의 술탄 카이트베이가 투르크 군의 공격으로부터 해안선을 방어하기 위해 등대 터에 남아 있던 돌로 요새를 건축하고 내부에 모스크를 만들었다. 그러나 1882년 7월 11일, 우라비 혁명 기간 중 북쪽과 서쪽의 성벽이 무너지고 대다수의 무기를 탈취당했으며 1883년 영국의 폭격으로 요새로서의 기능을 상실했다. 2층에 올라가면 눈앞에 펼쳐진 바다 전경 덕분에 현지인도 즐겨 찾는 관광지다.

주소 As Sayalah Sharq **오픈** 08:00~17:00 **요금** 성인 200파운드, 학생 100파운드

스탠리 다리
Stanley Bridge

이집트 최초로 바다 위에 세운 다리로 2001년에 건설되었다. 간혹 오후에는 도보로 건너지 못하게 하는 경우가 있으니 일부러 찾아갈 필요는 없다. 다리 근처에는 선베드가 놓인 스탠리 유료 해변이 조성되어 있다.

주소 Qesm AR Ramel **오픈** 24시간 **요금** 무료

알렉산드리아 대도서관 🏛 ⭐
Library of Alexandria

기원전 300년경, 각지에서 초청된 학자 100여 명이 자연과학문헌학을 연구하고 강의하던 곳으로 프톨레마이오스 1세가 건립을 시작하여 프톨레마이오스 2세 때 완성했다. 클레오파트라 7세의 놀이터로도 유명세를 떨친 이곳에는 중국을 비롯한 아시아의 여러 서적들과 중동, 유럽의 여러 고서들, 연구 자료, 그림들이 소장되어 있었다. 그러나 안타깝게도 기원전 48년 율리우스 카이사르가 알렉산드리아를 점령했을 때 로마 병사들의 방화로 큰 손실을 입었다. 도서관이 완전히 파괴되지는 않았고 기원후 3세기까지도 로마 치하에서 존속하였지만, 3세기 초 카라칼라의 무세이온 탄압으로 알렉산드리아 교육의 중심지는 세라페이온으로 이동되었다. 현재 도서관은 2002년에 새로 지은 곳이지만 당대 지성의 중심지였던 대도서관을 생각하며 방문해볼 만하다. 고대 도서관이 있던 자리에 유네스코 주관으로 설계 공모가 이루어졌고 1990년 국제회의를 통해 후원 기금을 모금했다. 도서관 외벽에는 전 세계 문자가 새겨져 있는데 이는 후원한 나라의 언어를 적어둔 것으로 한글도 찾을 수 있다. 도서관 앞에는 알렉산더 대왕 흉상, 내부에는 고대 알렉산드리아 도서관장인 데메트리우스 전신상이 세워져 있다. 데메트리우스는 기원전 3세기 그리스 남부 팔레룸 출신으로 고대 도서관 정신을 이어받은 것을 상징적으로 표현한 것이다. 천장에 거대한 원형 채광창을 설치해 지하에서도 햇볕을 잘 느낄 수 있다.

주소 Al Azaritah WA Ash Shatebi **전화** +20 34839999 **오픈** 일~목 10:00~19:00, 토 10:00~14:00 **요금** 성인 150파운드, 학생 20파운드 **홈페이지** www.bibalex.org

콤 엘 슈카파 카타콤
The Catacombs of Kom El Shuqafa

중세 7대 불가사의 중 하나로 알려진 지하 묘지로 1900년에 당나귀가 빠지며 발견되었다. 암반을 깎아 만든 35m 깊이의 수직 동굴로 기원후 1세기경 로마 귀족 납골당으로 조성되었고, 4세기에는 이집트 기독교인의 은신처로 사용되었다. 발굴된 유물은 초기 로마제국 명망을 받아 그리스, 로마, 이집트 문화가 혼재되어 있다. 이집트 양식과는 확연히 다른 입구로 들어가면 다양한 석관과 삼각별 모양의 카타콤이 보인다. 나선형 계단을 따라 내려가면 고대 이집트 파라오 시대의 장례 제단이 있는데, 기둥은 그리스로마 건축 양식이고 그 가운데 고대 이집트 호루스 신을 나타내는 매의 날개 부조가 새겨져 있다. 기둥 양쪽에는 그리스 신화에서 건강과 지혜를 주는 뱀인 아가토데몬이 있는데 머리에는 고대 이집트 파라오의 이중 왕관인 프스켄트를 쓰고 있다. 왼쪽에는 여행의 신 헤르메스의 지팡이인 카두케우스, 오른쪽에는 술의 신 바쿠스의 지팡이가 있다. 머리 위에는 그리스 신화에서 보기만 해도 돌이 되어버리는 메두사 머리가 조각되어 있다. 벽화는 전형적인 이집트 포즈로 조각되었으나 헤어스타일은 고대 그리스 방식을 따랐다. 메인 카타콤과 카라칼라의 홀로 나뉘어진 구조로 장례를 치를 때 사람은 계단을 따라 내려가고 관은 가운데 수직 동굴에 줄을 매달아 내렸다. 콤 엘 슈카파는 '깨진 질그릇 언덕'이라는 뜻인데, 무덤을 찾는 사람들이 음식을 가져올 때 항아리에 담아왔다가 깨뜨려서 버렸기 때문에 이곳에서 다량 발견되었다.

주소 12 Ras at Tin **전화** +20 33936825
오픈 09:00~17:00 **요금** 성인 200파운드, 학생 100파운드

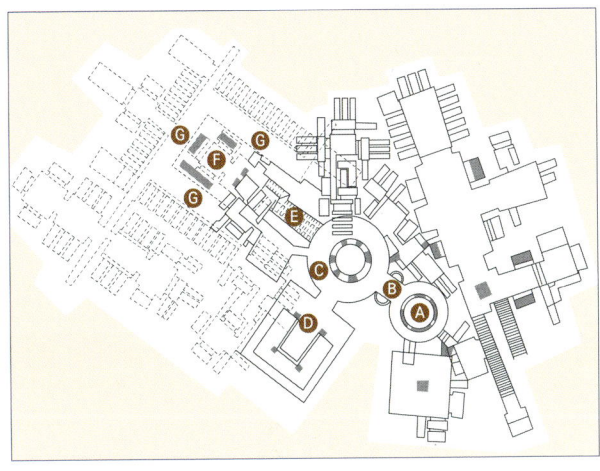

콤 엘 슈카파 카타콤 내부 배치도

A. 나선형 계단과 수직 동굴

B. 통로

C. 지하 광장

D. 식탁이 있는 방

E. 통로

F. 장례 제단

G. 시신 보관함

콤 엘 디카
Kom el Dekka

고대 로마 유적지로 주거지를 비롯해 목욕 시설, 원형 극장 등 다양한 유적을 볼 수 있다. 1959년 알렉산더 대왕 무덤을 발굴하던 중 발견된 곳으로 콤 엘 디카는 돌무더기 언덕을 의미한다. 계단을 따라 내려가면 이집트에 유일하게 남아 있는 로마 시대 원형 극장과 객석이 보이고 옆으로 큰 수영장과 용광로 창고가 있는 전형적인 로마 목욕 시설과 주거지, 원형이 잘 남아 있는 모자이크의 새들의 별장, 그리고 지하수 저수조를 볼 수 있다. 목욕 시설의 디자인과 크기로 미루어보아 황실 자금으로 지어진 곳으로 추정된다.

주소 Ismail Mahana **오픈** 08:00~17:00
요금 성인 200파운드, 학생 100파운드

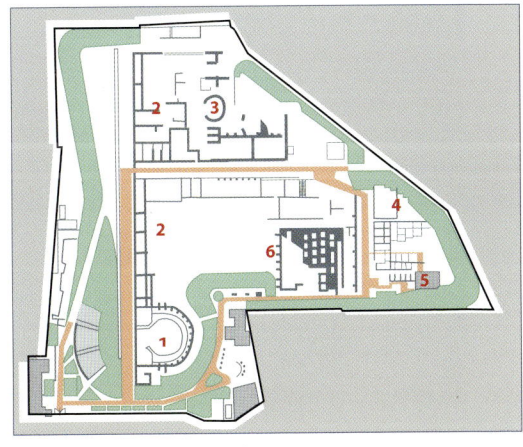

콤 엘 디카 내부 구조도

1. 원형극장   3. 목욕탕   5. 새 집
2. 객석   4. 주거 지역 6. 저수조

폼페이 기둥
Pompey's Pillar

297년 로마 황제 디오클레티아누스의 업적을 기리기 위해 세운 기둥으로 로마와 콘스탄티노플을 제외한 장소에 건설된 것 중 가장 규모가 크다. 높이 27m, 지름 2.7m로 아스완 채석장에서 공수해 온 단일 화강임으로 만들어졌고 상부는 코린트 양식으로 조각되었다. 이곳은 원래 프톨레마이오스 왕조의 주신인 세라피스 신전이 있던 곳으로 기둥 양옆에는 신전의 흔적을 볼 수 있는 스핑크스가 2개 남아 있다. 로마의 폼페이와는 관련이 없고 기원전 1세기경 사망한 로마 장군의 이름을 붙인 것이라는 설과 기둥의 기단에 새겨진 문자를 오독해 붙여진 이름이라는 설이 있다.

주소 Karmouz 전화 +20 1229437357 오픈 09:00~16:30 요금 성인 200파운드, 학생 100파운드

추천 식당

휴양지인 만큼 뷰가 멋있는 곳과 맛집으로 나누어져 있다. 둘 중 더 중요한 부분을 고려해 방문해보자.

발바 빌리지 ⭐
Balbaa Village for Grills & Seafood

어마어마한 규모를 자랑하는 곳으로 가족들과 외식을 하러 나온 현지인을 많이 볼 수 있다. 전기구이 통닭, 비둘기 등 다양한 메뉴가 있으나 가장 추천할 만한 것은 싱싱한 해산물이다. 생선과 새우, 오징어 등 해산물이 있는 곳에 가서 양과 조리법을 주문하면 즉석에서 조리해서 가져다준다. 가장 추천할 만한 음식은 버터플라이 새우구이와 새우튀김이다.

주소 Al Manteka Al Shamalea **전화** +20 1007111024 **오픈** 10:00~04:00

델리스 ⭐
Patisserie Delices

무려 1922년에 문을 연 곳으로 마차가 지나다니는 야외석 앞 풍경이 예스러운 분위기를 더한다. 나이가 지긋하신 분들이 주문을 받아 조금 느릴 수 있지만 그 또한 정겹다. 커피와 차, 다양한 베이커리가 있는데 커피는 괜찮으나 디저트는 한국인 입맛에 잘 맞지 않는다. 카페 내부에 진열된 것을 보고 직접 고를 수 있으니 구경 삼아 들어가보자.

주소 46 Saad Zaghloul, Al Mesallah Sharq **전화** +20 34861432 **오픈** 08:00~00:00

알 카얄 정육점
Al Kayal Butchery

정육점에서 운영하는 하와우시 맛집으로 여행자보다 현지인이 즐겨 찾는 곳이다. 정육점에서 바로 다진 고기를 넣고 바삭하게 구운 하와우시는 한국인의 입맛에도 굉장히 잘 맞는다. 크기가 생각보다 큰 편이니 하나 주문해보고 부족하면 더 주문하는 것을 추천한다. 피자도 함께 판매하지만 하와우시가 훨씬 낫다. 주말에는 오래 기다려야 할 수도 있다.

주소 205 Port Said St, Al Ibrahimeyah Bahri WA Sidi Gaber **전화** +20 1288780048 **오픈** 10:00~02:30

화이트 앤 블루
White & Blue - Greek Nautical Club

카이트베이 근처 해변에 위치한 곳으로 환상적인 뷰를 보며 식사를 즐길 수 있다. 특히 일몰이 아름다워서 저녁 식사를 추천한다. 랍스타를 비롯한 해산물과 스파게티, 그리스 음식이 주를 이루고 주문 시 이집트 와인을 권해주지만 추천할 만하지 않다. 그리스 음식점이지만 아이러니하게도 그리스 음식은 죄다 맛이 없으니 무난한 해산물 요리를 주문하는 것이 좋다.

주소 Kayetbai, As Sayalah Sharq, Qesm Al Gomrok **전화** +20 1275888836 **오픈** 12:00~00:00

피시 마켓 마리나
Fish Market Marina

단체 여행자라면 무조건 가게 될 곳으로 지중해가 내려다보이는 뷰가 아름다운 해산물 레스토랑이다. 식사 시간에는 모든 패키지 팀이 모여서 정신이 없지만 음식은 괜찮은 편이다. 식당은 2층에 있고, 1층 입구에 들어가면 식당을 방문한 유명인 사진이 붙어 있는데, 스페인 소피아 왕비와 스웨덴 빅토리아 공주도 이곳을 방문했었다.

주소 El-Gaish Rd, Al Mazar, Qesm Al Gomrok **전화** +20 34815512 **오픈** 12:00~01:00 **홈페이지** www.elmenus.com

추천 숙소

여행자 숙소보다는 호텔을 이용하는 사람이 많아서 선택의 폭이 좁은 편이다.

트리옴프 호스텔
Triomphe Hostel

지어진 지 100년이 넘었기에 낡은 감은 있으나 저렴한 가격에 깨끗한 시설을 자랑하는 곳으로 시내 중심가에 위치해 편리하다. 부엌이 있어서 간단한 요리를 만들 수 있고 응접실이 있어서 다양한 여행자를 만나기 좋다. 단, 공용으로 화장실과 샤워실을 이용해야 한다.

주소 38 Mohammed Talaat Noeman **전화** +20 34807585

슈타이겐베르거 세실 알렉산드리아 ⭐
Steigenberger Cecil Alexandria

1930년에 지은 곳으로 외관부터 엘리베이터까지 예스러움이 뚝뚝 묻어난다. 바닷가를 마주보고 있어서 테라스에서 바다를 내려다볼 수 있다. 한 가지 독특한 점은 테라스 문을 열면 에어컨이 자동으로 꺼지니 놀라지 말자. 호텔 입구에 적힌 'Cecil Hotel'이라는 곳으로 들어가면 된다.

주소 16 Saad Zaghloul Square **전화** +20 34877173 **홈페이지** www.steigenberger.com

톨립 호텔 알렉산드리아
Tolip Hotel Alexandria

지중해가 내려다보이는 테라스가 인상적인 곳으로 카이트베이에서 조금 떨어져 있으나 근처에 해산물 레스토랑이 많아서 편리하다. 시설은 5성급으로 보기에 무리가 있으나 조식은 괜찮은 편이다.

주소 El-Gaish Rd, Mustafa Kamel WA Bolkli **전화** +20 35419330
홈페이지 www.tolipalexandria.com

여행 회화
아랍어

이집트는 아랍어를 사용한다. 이집트 아랍어는 표준어인 푸쓰하와 사투리인 암미야로 나뉜다. 아래 언어는 암미야로 이집트 어디에서나 사용할 수 있다. 특히 숫자는 택시 앱을 이용할 때 필요하니 반드시 숙지하자.

숫자

٠	١	٢	٣	٤	٥
0 씨프르	1 와히드	2 이뜨넨	3 딸라따	4 아르바아	5 함싸
٦	٧	٨	٩	١٠	
6 씻타	7 싸브아	8 따마니아	9 티쓰아	10 아샤라	

기본 표현

안녕하세요.	앗 살람 알라이쿰
안녕하세요.(답 인사)	와 알라이쿰 살람
아침 인사	사바알 케르
헤어질 때 인사	마쌀라마
잘 지내시지요?	아멜에
이름이 뭐예요?	이스막 에?
제 이름은 라씨입니다.	이스미 라씨

감사합니다.	슈크란
천만에요.	아프완
부탁합니다(Please)	라우 싸마트
천천히	슈와이아
알았죠? 알았어요	타맘? 타맘
얼마예요?	비캄?
조금 깎아주세요.	아밀리 타흐핏
좋아요.	타맘
신의 뜻대로 되기를!	인샤알라
네	아이와 / 남(존댓말)
아니요	라
괜찮아요(No Problem)	마피시 무시켈라
어떤 일을 시작하기 전에 하는 말	비스밀라
(안부 인사의 답) 좋아요, 배불러요	함두릴라
어느 나라에서 왔어요?	엔타 미넨?
한국 사람이에요	아나 꾸리(남자) / 아나 꾸레야(여자)
와이파이 비밀번호가 뭔가요?	라캄 엘 와이파이 켐?
○○ 주세요 ** 설탕 쑤까르 물 마이아 커피 까흐와 홍차 샤이	아이즈 ○○ (남성)/ 아이자 ○○ (여성)
맛있어요	헬와아위
계산해주세요	일 파투라, 라우 싸마트
화장실	핀느 함멤

찾아보기
INDEX

관광지

10월 6일 다리	88
검은 사막	133
게지라	89
고래의 계곡	129
공중 교회	105
국립 문명 박물관	100
굴절 피라미드	116
기자 네크로폴리스	107
나르메르 팔레트	86
나일강 산책로	88
나일강 크루즈	166
누비안 마을	191
누비안 박물관	192
다슈르	116
닭과 버섯 바위	135
덴데라 하토르 신전	165
라호텝 왕자와 아내	85
람세스 2세 신전	198
람세스 2세 와상	114
람세스 2세 입상	114
레드 피라미드	117
룩소르	150
룩소르 국제공항	152
룩소르 동안 지구	157
룩소르 박물관	160
룩소르 서안 지구	161
룩소르 신전	159
마법 호수	131
마스타바	111
메레루카 무덤	111
메이둠 피라미드	116
멘카우레 왕 피라미드	109
멘투호테프 2세	85
멤논의 거상	163
멤피스	113
멤피스 네크로폴리스	106
멤피스 박물관	113
멤피스 삼위신 석상	115
멤피스 스핑크스	114
모까땀 언덕	100
모세 기념 교회	103
모세의 샘	103
모하메드 알리 사원	99
미완성 오벨리스크	190
바하리야 사막	132
벌룬 투어	160
벤 에즈라 회당	103
블랙 피라미드	117
사르코파구스	115
사막 바다의 눈	134
사카라	110
샬리 요새	142
세드 축제	110
소금 호수	144
수에즈 운하	96
술탄 하산 사원	94
스탠리 다리	206
스핑크스	108
시와	136
시와 사막 사파리	145
신성한 동물 사원	112
쓰레기 마을	100
아기 예수 피난 교회	102
아만 약덴	145
아멘호테프 3세와 부인 티예 석상	85
아문 신전	142
아부 심벨 대신전	198
아부 심벨 소신전	199
아부 심벨 신전	197
아스완	178
아스완 국제공항	180
아스완 하이 댐	188

앉아 있는 필경사	86		카이로	72
알 리파이 사원	93		카이로 국제공항	74
알 무이즈 거리	95		카이로 동굴 교회	101
알 아즈하르 사원	96		카이로 시타델	98
알렉산드리아	200		카이로 타워	89
알렉산드리아 국제공항	202		카이트베이 요새	206
알렉산드리아 대도서관	207		카프레 왕 피라미드	109
압딘 궁전 박물관	92		칸 엘 칼릴리 시장	97
에드푸	174		칼라운 사원	99
에드푸 신전	174		콤 엘 디카	209
에스나 운하	167		콤 엘 슈카파 카타콤	208
엘 피샤위 카페	97		콤 옴보	176
엘레판티네 박물관	190		콤 옴보 신전	176
엘레판티네 섬 고고학 유적지	189		콥트 박물관	104
엘레판티네 섬 고왕국 시대 피라미드 유적	190		콥트기독교 지구	102
엘레판티네 섬 나일로미터	190		쿠푸 왕 대피라미드	107
엘레판티네 섬 사테트 신전	189		쿠푸 왕 대피라미드 내부	108
엘레판티네 섬 양 무덤	189		크눔 신전	120
엘레판티네 섬 중왕국 시대 주민 거주지 유적	189		크리스탈 사막	134
오페트 축제	158		클레오파트라 풀	144
올드 카이로	82		타흐리르 광장	90
와디 엘 라얀 보호 구역	128		타흐리르 광장 지구	83
와디 엘 히탄	129		튀니지 마을	131
왕가의 계곡	161		파라오 멘카우레	86
왕비의 계곡	162		파라오 조세르	87
이슬람 미술관	91		파라오 케프레	85
이슬람 지구	91		파이윰	128
이집트 군사 박물관	99		파트나스 섬	143
이집트 박물관	83		펠루카 투어	160
이푸트 마스타바	111		폼페이 기둥	210
임호텝 박물관	112		푸투흐 문	95
자말렉	89		필레 신전	186
조르디	97		하부 신전	163
조세르 계단식 피라미드	110		하얀 사막	135
주웨일라 문	94		하토르 여신	84
죽음의 산	143		핫셉수트	84
카 에페르	86		핫셉수트 장제전	164
카룬 호수	130			
카르낙 신전	157			
카르낙 신전 두 번째 탑문	158			
카르낙 신전 지성소	158			
카르낙 신전 첫 번째 탑문	158			

식당

깜 타이	169
나인 피라밋츠 라운지	118
델리스	211
마카니	194
미나 식당	124
발바 빌리지	211
소셜 스페셜티 커피	123
소프라 레스토랑	170
솔라이 누비안 레스토랑	193
스튜디오 미스르	122
아부 엘 시드 레스토랑	119
아부 타렉	118
아부디 커피 브레이크	170
아비르 레스토랑	193
아스막	120
알 도카	194
알 마스리	194
알 미나 레스토랑	170
알 비빈날 레스토랑	147
알 사하비 레인	169
알 카얄 정육점	212
알 케밥지 레스토랑	168
압두 레스토랑	146
에스코바르	123
엘 기자위 식당	120
엘 압드 파티셰리	122
엘 피사위 카페	97
오스 파스타	120
오아시스 한국 식당	124
올디시	119
올라 레스토랑	147
옴 하심 레스토랑	168
주바	121
주바나 카페	147
크레이브	121
타지리 에코빌리지 레스토랑	147
티키야 엘 아미르 레스토랑	146
펠펠라 레스토랑	121
피시 마켓 마리나	212
하나 바비큐	123
화이트 앤 블루	212

숙소

갈리엣 에코롯지 & 스파	148
네페르티티 호텔 룩소르	171
데이비드 호스텔	195
디 오스트레일리안 호스텔 카이로	125
라이프 피라미드 인	126
람세스 힐튼 호텔 & 카지노	126
마디나 호스텔	125
메리어트 메나 하우스 카이로	127
벤벤 바이 다라	195
소네스타 호텔	173
소피텔 레전드 호텔	196
슈타이겐베르거 나일 팰리스	172
슈타이겐베르거 세실 알렉산드리아	213
슈타이겐베르거 피라미드	127
슈타이겐베르거 호텔 엘 타흐리르	126
아드레레 아멜랄	149
알 바빈샬 롯지 시와	148
이베로텔 룩소르	171
카이로 하우스 호스텔	125
타지리 에코빌리지 시와	149
톨립 호텔 아스완	196
톨립 호텔 알렉산드리아	213
트리옴프 호스텔	213
힐튼 룩소르 리조트 & 스파	173